Die Kreuzzüge

Herausgegeben von Jonathan Riley-Smith

HERDER / SPEKTRUM

Band 4755

Das Buch

Die Kreuzzüge gehören zu den dunkelsten Kapiteln der christlichen Geschichte. 1095 kommt der Stein durch Papst Urban II. ins Rollen. Überall aus Europa brechen Ritterzüge auf, um „das heilige Land zu befreien". Kämpfe von äußerster Brutalität werden über Jahrhunderte geführt. Vom östlichen Mittelmeer über das Baltikum und Schwarze Meer, Spanien und Nordafrika ziehen die Ritter des Abendlandes. Man kämpfte gegen Muslime und Mongolen, Reformbewegungen, Häretiker und alle vermeintlichen Feinde des Glaubens. Wie kam es dazu? Was waren die treibenden Ideen und tragenden Kräfte? Die Beiträge dieses Taschenbuches lassen diese dramatische Epoche der Weltgeschichte in beeindruckender Weise lebendig werden. Sie beschränken sich nicht nur auf die mit dem Wort „Kreuzzüge" bezeichneten historischen Ereignisse, sondern beschreiben alle Phänomene, die von ähnlichen Ideen geleitet waren. Die Wirkungen dieser Zeit reichen bis in die unmittelbare Gegenwart. Eine faszinierende und höchst informative Darstellung mit zahlreichen Karten und sonstigen Abbildungen. Die Beiträge dieses Taschenbuches sowie die Karten und Abbildungen sind dem „Großen Bildatlas der Kreuzzüge" (Herder 1992) entnommen.

Herausgeber

Jonathan Riley-Smith, Professor für Geschichte an der Universität London, international anerkannter Spezialist auf dem Gebiet der Kreuzzüge sowie ein Team von Historikern haben diesen Band herausgebracht. *Michaela Diers*, promovierte Mediävistin, hat den Text kenntnisreich übersetzt.

Die Kreuzzüge

Kriege im Namen Gottes

Herausgegeben von
Jonathan Riley-Smith

Aus dem Englischen von
Michaela Diers

Herder
Freiburg · Basel · Wien

Texte und Abbildungen aus „Großer Bildatlas der Kreuzzüge"

Übersetzung aus dem Englischen von Michaela Diers.
Originaltitel: „The atlas of the crusades",
by Swanston Publishing Limited, London 1990

Verlag Herder Freiburg im Breisgau 1999
Satz: Fotosetzerei G. Scheydecker, Freiburg im Breisgau
Herstellung: Freiburger Graphische Betriebe 1999
Umschlaggestaltung: Joseph Pölzelbauer
Umschlagmotiv: Fresko aus dem Palacio Mayor in Barcelona
ISBN 3-451-04755-1

VORWORT

Die Kreuzzüge stellen ein Forschungsgebiet dar, in dem britische Historiker eine führende Rolle spielen. Einer der berühmtesten Vertreter dieser Tradition ist Sir Steven Runciman, dessen dreibändiges Werk „Die Geschichte der Kreuzzüge" in den frühen fünfziger Jahren erschien. Eine für den deutschen Sprachraum vergleichbare Bedeutung kommt der „Geschichte der Kreuzzüge" von Hans Eberhard Mayer zu.

Im vorliegenden Werk findet die Forschungsentwicklung der letzten zwanzig Jahre ihren Niederschlag. Heute stimmen die meisten Historiker dahingehend überein, daß das Studium der Kreuzzüge nicht auf die Feldzüge in den Nahen Osten beschränkt werden kann, sondern auch die Feldzüge in Afrika, Spanien, dem Baltikum und weiteren Teilen Europas umfassen muß. Allgemeine Übereinstimmung besteht ferner darin, daß die Kreuzzugsbewegung ihren Höhepunkt im 13. Jh. erreichte, im 14. Jh. noch machtvollen Einfluß besaß und ihre Popularität – wenigstens in einigen Schichten der Gesellschaft – bis zum Ende des 16. Jh., zum Teil noch darüber hinaus, beibehielt. Viele Männer und Frauen waren direkt oder indirekt von ihr betroffen. Kreuzzüge führten die Menschen an Kriegsschauplätze verschiedenster Art, die oft Tausende Kilometer von der Heimat entfernt lagen. Dennoch glichen sich die Grunderfahrungen der Menschen: Kreuzzüge waren stets überaus kostspielig und mit zahlreichen Widrigkeiten verbunden. Für alle Entsagungen und Gefahren war in finanzieller Hinsicht kein Gewinn zu erwarten. Die lange Abwesenheit von der Heimat bedrohte im Gegenteil den Zusammenhalt der Familien und den Bestand des Besitzes. Viele Historiker sind daher von der tiefreligiösen Motivierung der Menschen durch den Kreuzzugsgedanken überzeugt. Trotz der unzweifelhaft damit verbundenen Grausamkeit und Gewalt stellen die Kreuzzüge eine ernst zu nehmende religiöse Bewegung insbesondere der Laien dar, für die man zu bedeutenden Opfern bereit war.

Ein Buch, das eine so große Zeitspanne und so weite Räume umfaßt, wirft redaktionelle Probleme auf, die wir versucht haben pragmatisch zu lösen: Auch wenn man etwa einen Grenzverlauf exakt bestimmen kann (was im Mittelalter selten genug ist), bedeutet dies bekanntlich nicht dasselbe wie heute. Oft beschreibt der Grenzverlauf nur die Trennungslinie zwischen den Gemarkungen zweier Dörfer, die Abgaben an zu verschiedenen politischen Mächten gehörende Herren zu entrichten hatten. In manchen Regionen (Kondominate) wurde der Grenzverlauf durch einen breiten Gürtel dargestellt, da sich hier Herren verschiedener Nationalität oder, wie im Fall Palästinas und Syriens, verschiedener Religionszugehörigkeit den Besitz der Dörfer des Gebietes teilten. Manchmal sind Zollstationen nachweisbar (wie an der Straße zwischen Damaskus und Jerusalem), die sich jedoch oftmals nicht an der Grenze selbst befanden, sondern etwas im Landesinneren, z. B. in der ersten Stadt, lagen.

Leser, die die Kreuzzüge vorrangig als Kriege zwischen Christen und Muslimen betrachten, werden darüber verwundert sein, daß sich die Ausführungen hauptsächlich mit inneren Entwicklungen der Christenheit beschäftigen. Hierzu ist zweierlei zu bemerken. Erstens wurden Kreuzzüge gegen viele Feinde ausgerufen, unter denen die Muslime zwar die wichtigsten, aber nicht die einzigen waren. Eine Engführung des Kreuzzugsbegriffs auf jene Ereignisse, die landläufig damit bezeichnet werden, vermeidet dieses Buch, indem es auch verwandte Phänomene zur Darstellung bringt und auf diese Weise dem Leser interessante Parallelen eröffnet. Zweitens ist daran zu erinnern, daß die Kreuzzüge ihren Ursprung in inneren Entwicklungen des Christentums nahmen. Bereits 1935 stellte Carl Erdmann in seinem Werk „Die Entstehung des Kreuzzugsgedankens" den Zusammenhang zwischen Kreuzzügen und innerchristlichen Kriegen her, die in Verbindung mit der Bewegung des 11. Jh. zur Befreiung und Reform der Kirche standen. Früher oder später mußte sich die Aufmerksamkeit der Reformer von der Unterdrückung, die der Kirche – wie man glaubte – von den Königen und Herren des Abendlandes zugefügt wurde, auf die Christen des Orients verschieben, die unter dem Joch der Ungläubigen lebten. Die Kreuzzüge waren so sehr eine innere Angelegenheit des Christentums, daß man die muslimische Bedrohung, hätte sie nicht wirklich bestanden, hätte erfinden müssen.

Wie immer man auch dazu stehen mag, die Kreuzzugsbewegung bleibt unzweifelhaft ein bedeutender Faktor in der europäischen Geschichte. Die emotionale Mobilisierung der Massen, das ertragene und zugefügte Leid, Unsummen an Geldern, die Sorgen der zurückgebliebenen Familien, die Unruhe durch die aufbrechenden Kreuzfahrerheere, die unerhörten Anstrengungen, die Siedlungen im Nahen Osten, dem Baltikum und in Spanien zu bewahren, und vieles mehr verbinden sich untrennbar mit der Geschichte der Kreuzzugsbewegung. Große Distanzen waren zu überwinden, politische und militärische Entscheidungen zu treffen und technische und organisatorische Probleme zu lösen. Nicht zu vergessen ist darüber hinaus auch die gegenseitige Beeinflussung zweier Weltreligionen, die sich über Jahrhunderte hinweg scheinbar unversöhnlich als Feinde gegenüberstanden: Allein die achtzig Friedensjahre zwischen 1192 und 1291 boten dem Islam und dem Christentum genügend Raum, sich friedlich auszutauschen und kulturell zu prägen.

Jonathan Riley-Smith

INHALT

TEIL 1
DER GOTTESWEG

Im März 1095 wurde Papst Urban II. von einer Gesandtschaft des byzantinischen Kaisers Alexios I. um Hilfe gegen die türkischen Seldschuken gebeten, die die meisten der östlichen Provinzen des Byzantinischen Reiches im Sturm erobert hatten und in bedrohlicher Nähe zur Hauptstadt Konstantinopel standen. Urban hatte bereits entschieden, daß er während eines geplanten Besuchs in Frankreich an die westeuropäischen Ritter appellieren werde, den Christen des Ostens zu Hilfe zu kommen. Er wollte die Ritter zur Teilnahme an einem Krieg aufrufen, der zugleich eine Pilgerfahrt nach Jerusalem war. Daraus wurde der erste Kreuzzug. Es ist gut möglich, daß die Idee eines Kreuzzugs nicht von Papst Urban selbst stammte. Sie könnte seit über zwanzig Jahren im Umkreis des Papsttums verbreitet gewesen sein. Urban war jedoch derjenige, der die Idee in die Tat umsetzte. Mit seinem Aufruf zum Kreuzzug löste er eine Bewegung aus, die erst im späten 18. Jh. ausklang und die mehr umfaßte als die Kreuzzüge selbst. Zu ihr gehörte die militärische Verteidigung des Hl. Landes, weitere Ansiedlungen von Kreuzfahrern sowie Unternehmungen der Ritterorden und, vom 14. Jh. an, der Kreuzzugligen.

Einer derjenigen, der auf Urbans Ruf antwortete, war Hugo von Chaumont-sur-Loire, der junge Herr von Amboise. Im März 1096, bei einer Zeremonie in Anwesenheit des Papstes in der Abtei von Marmoutier nahe Tours, gelobte er seine Teilnahme am Kreuzzug. Bislang war er vornehmlich mit Familienangelegenheiten und der Sorge um seinen Besitz beschäftigt gewesen und dabei durchaus bereit, das Gesetz zu übertreten: so arrangierte er die Entführung einer seiner Cousinen, die mit einem unpassenden Ehemann verheiratet worden war. Aber er wurde ein erfolgreicher Kreuzfahrer. Des Nachts in der zweiten Juniwoche 1098, als eine solche Panik sich des christlichen Heeres bemächtigte, daß die Gefahr eines Massenausbruchs und der Flucht aus der Stadt Antiochia in Syrien bestand, war er einer der Männer, welche die Heerführer für vertrauenswürdig genug hielten, die Stadttore zu bewachen. Doch er war ein kranker Mann, als er Ostern 1100 nach Frankreich zurückkehrte.

Achtundzwanzig Jahre später übergab Hugo alle seine Ländereien seinem ältesten Sohn und unternahm erneut eine Kreuzfahrt, nun zusammen mit seinem Lehensherrn und Schwiegersohn, Graf Fulko V. von Anjou, der im Begriff stand, die Erbin des Kreuzfahrerkönigreichs von Jerusalem zu heiraten. Hugo muß beabsichtigt haben, niemals in den Westen zurückzukehren. Er kämpfte 1129 vor Damaskus. Auf seiner Rückreise nach Jerusalem wurde er todkrank und später auf dem Ölberg beigesetzt. Einer seiner Söhne, ebenfalls mit Namen Hugo, war für eine gewisse Zeit Kastellan von Hebron, dem Ort, an dem man das Grab Abrahams vermutete.

Das Heer des ersten Kreuzzuges, das sich im Juni 1097 außerhalb Nicäas sammelte, bestand aus 40000 Personen oder mehr, von denen nur 4500 Ritter oder Adlige wie Hugo waren. Die meisten Kreuzfahrer waren, wie auch in den folgenden Jahrhunderten, Handwerker, Städter und Bauern. Die Anwesenheit so vieler nicht waffenfähiger Personen beunruhigte die Zeitgenossen. Doch nur wenig konnte hiergegen unternommen werden, da die Kreuzzüge zugleich Pilgerfahrten waren, an denen traditionsgemäß Männer und Frauen aus dem Volk teilnahmen. Dies aber mißfiel den Führern der Kreuzzüge, denn die Armen mußten ernährt werden. Da die Masse die überwältigende Mehrheit der meisten Heere bildete, konnte ihre Stimme von machtvollem Gewicht sein, besonders, wenn sie sich organisierte. Eine Einheit des ersten Kreuzzuges, Tafuren genannt, wurde von einem „König", d.h. von einem normannischen Ritter, angeführt, der sich dem einfachen Volk angeschlossen hatte, jedoch legendär zu einer Hauptfigur des Unternehmens werden sollte. Als im Herbst 1098 der erste Kreuzzug in Nordsyrien zum Stehen kam, zwangen die Forderungen des Volkes und ihre Drohung mit Aufstand die Führer, den Marsch auf Jerusalem fortzusetzen.

Nur wenig ist über die Volksmassen auf uns gekommen, ihre Vorstellungen und Sehnsüchte sind fast gänzlich verloren. Unverkennbar jedoch wurden einige von jenen hysterischen religiösen Bewegungen mitgerissen, die das westeuropäische Hochmittelalter überfluteten. So folgte eine Abteilung des ersten Kreuzzuges einer Gans, die man vom Hl. Geist erfüllt glaubte.

Wir wissen einiges mehr über Männer wie Hugo von Chaumont-sur-Loire, und es lohnt sich zu fragen, wieso er, als er älter geworden war, entschieden hatte, wiederum auf Kreuzfahrt zu gehen. Der eigentliche Kampf bestimmte nur zu einem Bruchteil das Leben der ersten Kreuzfahrer. Die abschreckenden Marschbedingungen waren allein durch ritualisierte Formen der Bewältigung (sie waren in einen dauernden Kreislauf von Prozessionen, Gebeten und Fastenaktionen eingebunden, die das Gemeinschaftsgefühl stärkten und das Gefühl der Isolation abmilderten) erträglicher geworden. Hinzu traten das religiöse Hochgefühl über die Einnahme Jerusalems sowie die-Hochachtung, die ihnen in der Heimat entgegengebracht wurde. Angst, Gefahr, Heimweh, Krankheit und Hunger dürften dennoch die einprägsamsten Erinnerungen Hugos an den ersten Kreuzzug gewesen sein.

In den Kreuzzug zu ziehen war nie eine angenehme Beschäftigung, und es war immer teuer. Nur in sehr geringem Umfang waren materielle Vorteile zu erringen. Die Teilnahme an einem Kreuzzug in den Osten zog Kosten nach sich, die vielleicht das Vier- bis Fünffache des Einkommens eines Ritters ausmachten. Diese konnten allein – vorausgesetzt, der Kreuzfahrer hatte das Glück, einen Schutzherrn zu finden – durch die Bereitstellung von Land, sei es durch Verkauf oder Verpfändung, aufgebracht werden. Zur Zeit des ersten Kreuzzuges wurden die Probleme des wachsenden Finanzbedarfs durch die Tatsache verschlimmert, daß Frankreich, das wichtigste Land der Truppenwerbungen, unter einer kurzen, aber ernsten Krise der Landwirtschaft litt, die von mehreren Mißernten ausgelöst worden war. Doch selbst in guten Zeiten hatten ein Kreuzfahrer und seine Familie mit der drückenden Last der Kosten zu ringen.

Hugo von Chaumont-sur-Loire muß ohne Illusionen 1128 erneut ins Hl. Land aufgebrochen sein. Wollen wir seine Bereitschaft verstehen, ein bequemes und geachtetes Alter auf seinen Besitzungen zu opfern, um über 3000 Kilometer von der Heimat entfernt zu sterben, müssen wir uns die gesellschaftlichen Umstände vergegenwärtigen, in denen er lebte.

Im späten 11. und 12. Jh. verbrachten die meisten Menschen den Großteil ihres Lebens in dem Gebiet, in dem sie geboren und aufgewachsen waren. Ihre Heimat bestimmte ihr Leben. Ein Kreuzzug, der sie in weite Ferne von der Heimat führte, war mit der Gefahr der Orientierungslosigkeit verbunden, so daß Kreuzfahrer aus Nachbargebieten dazu neigten, sich zusammenzuschließen. Als Guido von Bré, ein Kastellan aus dem Limousin, in Latakia (Syrien) im Sterben lag, vermachte er einen großen Teil seines Vermögens, einschließlich einer Familienstiftung, religiösen Gemeinschaften in seiner Heimatregion. Dies wurde von sieben Männern bezeugt, die alle aus dem Limousin stammten, unter ihnen ein weiterer Kastellan, der ein angeheirateter Verwandter war. Als Bertrand von Bas, ein Kanoniker aus Le Puy, während seiner Rückkehr vom ersten Kreuzzug auf dem Seeweg krank wurde und auf den Zehnten, den er sich widerrechtlich für den Ort Bauzac angeeignet hatte, verzichtete, wurde seine Erklärung von sechs Begleitern bezeugt, die alle Nachbarn und auf einem Schiff mit ihm waren. Als Herbert II., Vizegraf von Thouars, im Mai 1102 in Jaffa (Palästina) vermutlich einen Schlaganfall oder einen Herzinfarkt erlitt, galten seine letzten Worte der Familienstiftung von Caise-le-Vicomte, die er durch eine weitere Stiftung zu vergrößern wünschte. Diese wurde von fünf Männern bezeugt: einem Mitglied seines Hauses, zwei Mitgliedern der ortsansässigen Ritterschaft von Poitou, einem Ritter, dessen Heimat nicht weit entfernt lag, sowie von einem Arzt aus Nantes, der ihn behandelt haben muß.

Im Zentrum des Lebens dieser Männer standen Lehens- und Familienbande. Das Lehensverhältnis stellte eine vertragliche Verbindung zwischen einem Herrn und einem jeden seiner Vasallen dar. Der Vasall schuldete dem Herrn Dienste, einschließlich des Militärdienstes, als Gegengabe dafür, daß er ein Lehen in Form von Land oder Geld erhielt. Obgleich im 11. und 12. Jahrhundert Familienbande stärker als Lehensbande waren, ergänzten und verstärkten sie sich gegenseitig, wenn wohlwollende Herren ihren Vasallen behilflich waren, günstige Heiratsverbindungen für ihre Verwandtschaft zu arrangieren. Die Enge ortsgebundener feudaler Interessen wurde durch ein weitschweifiges Netz familiärer Verbindungen über große Gebiete Westeuropas ausgeglichen. Im Hochmittelalter scheinen sich Familien beträchtlich ausgeweitet zu haben, und es bestand ein gesteigertes Interesse an Genealogien. Gewiß boten Blutsbande Zündstoff für Gewalt und konnten zu Feindschaft und Rivalität zwischen den Verwandten führen. Aber auch positive Impulse gingen von ihnen aus: Blutsbande leiteten Ideen und Begeisterung weiter sowie eine Empfänglichkeit für die Verbreitung und Vertiefung des Glaubens, die in der Kirche des 11. Jh. ihren Ausgang nahm. Dies fand im bemerkenswerten Umfang in Neubauten von Pfarrkirchen sowie im immensen Aufschwung der Klöster seinen Niederschlag. Klöster bedurften der Eintrittsgaben derjenigen, die entweder von ihren Familien zum Klosterleben bestimmt worden waren oder es selbst zu führen wünschten, sowie der Stiftungen durch Laien beiderlei Geschlechts. Um 1090 zeigte diese Vertiefung des christlichen Glaubens in den unteren Rängen der Adelsgesellschaft deutliche Auswirkungen. In Burgund z.B. trat der Kleinadel durch seine Stiftungen für religiöse Gemeinschaften hervor.

Frauen spielten beim Aufschwung des Mönchtums eine bedeutende Rolle. Sie trugen die traditionelle Unterstützung einer bestimmten religiösen Gemeinschaft von der Familie, in der sie geboren waren, in diejenige, in die sie einheirateten. Es gibt Anzeichen, daß Frauen eine vergleichbar prägende Rolle für die Akzeptanz der Kreuzzugsaufrufe spielten, indem sie ihre Familien zugunsten der Bewegung beeinflußten. Obgleich sie in Kommentaren und Liedern im allgemeinen als Hindernis für die Kreuzfahrt beschrieben werden, scheinen sie oft die treibende Kraft gewesen zu sein, die die männlichen Verwandten zur Kreuznahme veranlaßte. Wie die Schenkungstraditionen an bestimmte Ordensgemeinschaften wurde auch der Anstoß zur Kreuzfahrt von einer Familie zur nächsten durch die Verheiratung der Schwestern und Töchter weitergegeben.

Sicherlich nahmen auch einige Frauen selbst an Kreuzzügen teil: Frauen, die die Kreuzzugsidee unterstützten, Ehefrauen oder Schwestern von Kreuzfahrern, wenigstens eine Ärztin (im 13. Jh.) sowie Prostituierte. Diese gehörten ebenso zum Erscheinungsbild eines Kreuzfahrerlagers wie zu dem eines jeglichen Heerlagers. Die Männer der Kirche waren über die Anwesenheit der Frauen entsetzt, insbesondere da die als Bußwerk verstandene Pilgerfahrt eigentlich sexuelle Enthaltsamkeit einschloß. In den Krisenzeiten des ersten Kreuzzuges wurden alle Frauen, ehrbare und unehrbare, in einem eigenen Lager untergebracht. Als nicht waffenfähige Personen holten die meisten Frauen Wasser und Geschosse, um sie zu den Truppen der Frontlinie zu bringen, und halfen durch weitere niedrige, mühsame Arbeiten. Einige kämpften auch: Während des dritten Kreuzzuges töteten die Muslime eine Scharfschützin, die ihnen mit ihren Pfeilen Verluste zugefügt hatte.

Ein Grundzug der Gesellschaft des späten 11. und 12. Jh. war die tiefe Überzeugung der Menschen, sündig zu sein. Die Ursache lag in ihrer Gewalttätigkeit, in der Tatsache, daß die weltlichen Maßstäbe und Wege zum sozialen Aufstieg vom Denken einer kriegerischen Klasse bestimmt waren, aber auch in einer Kirche, die Verhaltensmaßregeln setzte, die selbst von frommen Ehegatten nicht erfüllt werden konnten, so wenn z.B. von ihnen erwartet wurde, sich für mindestens die Hälfte des Jahres des sexuellen Verkehrs zu enthalten. Viele Laien waren tief verängstigt durch eine Sündhaftigkeit, von der sie spürten, daß sie ihr nie entkommen konnten. Dies erklärt ihre auffallende Großzügigkeit gegenüber der Kirche und ihre Begeisterung für Pilgerfahrten. In einer Gesellschaft ohne Privatbereich, mit nur wenig Bildung und ohne preiswerte Bücher konnte es kaum individuelle Andacht geben. In der so geprägten Gesellschaft war Frömmigkeit öffentlich und äußerte sich im Gang zur Messe und in der Teilnahme an einer Pilgerfahrt. Diese Zusammenhänge müssen bei einer Beurteilung der Ereignisse mitbedacht werden: bei der Resonanz auf die Predigt der frühen Kreuzzüge, bei den öffentlichen Bezeugungen von Bußgesinnung und Frömmigkeit sowie bei den Pilgerfahrten, in denen Ritter die Gnade durch Ausübung eben jener Fähigkeiten erlangten, durch die sie zuvor in sündhaften Hochmut gefallen waren.

All dies findet sich im ersten überlieferten Bericht von einer Kreuznahme beschrieben. Am 22. Mai 1096 nahm Fulko Doon, der Herr von Châteaurenard nahe Avignon, an einer Zeremonie in der Abtei von Lerins teil, in der er den Mönchen Besitz übereignete. Hierfür gab ihm der Abt ein Maultier, ein Tuch und einen Stab und „legte ihm die Fahrt nach Jerusalem als Buße auf".

Viele Adlige und Ritter waren aufrichtig fromm, doch ihre Frömmigkeit war weit entfernt von den Abstraktionen hochgeistiger Theologen und auch von dem differenzierten Glauben des gebildeten Klerus. Ihre Frömmigkeit trug den Stempel einer Gesellschaft, die großen Wert auf feudale Herrschaft, Ehre und Familienzusammenhalt legte, was seinen Niederschlag in Fehden und in einer an Verschwendung grenzenden sozialen Großzügigkeit fand. Die Männer und Frauen des Laienstandes stellten sich Gott als Vater, König oder Feudalherrn vor: Wörter, die für sie eine besondere Bedeutung hatten. In ihrer Vorstellung war Gott oder Christus der Vater einer vornehmen Hausgemeinschaft. Christen waren seine Söhne und Töchter (untereinander waren sie Brüder und Schwestern), und das Hl. Land war sein Erbgut. Oder aber er galt als König mit dem Hl. Land als Krondomäne und dem Rest der Christenheit als Königreich, und seine „Söhne" oder „Gefolgsleute" hatten die Pflicht, jegliche Bedrohung der territorialen Unversehrtheit des Königreiches zurückzuschlagen, um so die Freiheit der Untertanen Gottes und seinen Besitzstand zu bewahren. In einem Zeitalter, in dem die Blutrache überhandnahm, vermag es nicht zu überraschen, daß auch Kreuzzüge in Gefahr standen, in Racheakte zu entarten, was bisweilen auch mit Ermutigung durch den Klerus geschah. Entsprechend ließ der Chronist Balderich von Bourgueil einen Prediger des ersten Kreuzzuges folgendes erklären:

„Meine Rede ergeht an Väter, Söhne, Brüder und Neffen. Wenn ein Fremder jemanden aus eurer Sippe niederstreckte, würdet ihr nicht den Blutsverwandten rächen? Um wieviel mehr schuldet ihr, euren Gott zu rächen, euren Vater und Bruder, der geschändet, der von seinem Land vertrieben, der gekreuzigt wurde!"

Entsprechend wurde auch in der Zeit des ersten Kreuzzuges das theologische Konzept der Gewaltvermeidung als eines Aktes der Nächstenliebe in die Verpflichtung zur Blutfehde als einem Ausdruck der Familienliebe verwandelt, der den meisten Kreuzfahrern zutiefst vertraut gewesen sein dürfte. So ist es nicht erstaunlich, daß die Sicht des Islam in den Schriften der frühen Kreuzzüge gänzlich negativ ist und die Muslime als verdorbene und barbarische Gotteslästerer, als Feinde Gottes und als Diener des Teufels dargestellt werden.

Hugo von Chaumont-sur-Loire entschloß sich, sein Leben in Jerusalem zu beenden. Im 12. Jh. faßten viele Adlige den gleichen Entschluß und verbrachten ihre letzten Tage mit der Verteidigung des Hl. Landes. Pilgerfahrten nach Jerusalem galten nicht der Heilung von Krankheit. Wie Rom und Compostela war Jerusalem besonders mit der Sündenvergebung am Ende einer Pilgerschaft im Geist der Buße verbunden. Hier war der Ort von Gottes irdischem Wirken, wo man in größerer Nähe zum Himmel als anderswo starb. Ja, Jerusalem war in sich selbst eine Reliquie, denn der Boden war von den Füßen Christi berührt und mit dem vom Kreuz strömenden Blut durchtränkt.

Es ist fast unmöglich, das begeisterte Interesse der Europäer an Jerusalem und dem Hl. Land zu überschätzen. Die Nachricht vom Erfolg des ersten Kreuzzuges verbreitete sich in der Christenheit wie ein Lauffeuer. Religiöse Einrichtungen in Europa, die mit den Hl. Stätten verbunden waren, wurden mit Stiftungen überhäuft; das ehrgeizige Aufbauprogramm der frühen westlichen Siedler in Palästina muß mit einem Strom an Geldern, die über das Mittelmeer in das Hl. Land flossen, finanziert worden sein.

Die Westeuropäer besetzten schließlich die ganze levantinische Küste. Ihr Territorium umfaßte einen schmalen Landstreifen, der sich fast 1000 Kilometer von Norden nach Süden erstreckte und von Gebirgsketten eingefaßt war. Hin und wieder besaßen sie ins Landesinnere vorspringende Gebiete, von denen im Norden Edessa (etwa 250 Kilometer nordöstlich von Antiochia und 72 Kilometer östlich des Euphrats) am weitesten ins Innere des Landes hineinreichte. Sie waren isoliert, und von der Mitte des 12. Jh. an wurde es zunehmend schwierig, sich im Land zu behaupten. Die neuen Ritterorden trugen zur Verteidigung der lateinischen Siedlungen bei, aber sie waren nicht stark genug, die Hauptschwäche der Siedler auszugleichen: Nie gab es genug Kolonisten, die dauerhaft im Land verblieben. Die Niederlage im zweiten Kreuzzug demoralisierte den Westen so sehr, daß – trotz der Hilferufe der Siedler – fast vierzig Jahre lang nur vergleichsweise kleine Gruppen von Kreuzfahrern ins Hl. Land zogen.

Die Bestürzung, die der Verlust Jerusalems an Saladin im Jahr 1187 hervorrief, war ebenso groß wie die Begeisterung 90 Jahre zuvor. Die Kirche schrieb die Katastrophe der Sündhaftigkeit der Christenheit zu. Papst Gregor VII. bemerkte hierzu, als er den dritten Kreuzzug ausrief:

„Uns allen ist auferlegt, unsere Sünden zu bedenken, nach Besserung durch freiwillige Züchtigung zu streben und uns dem Herrn, unserem Gott, durch Buße und fromme Werke zuzuwenden. Erst müssen wir das Übel in uns selbst bekämpfen, sodann unsere Aufmerksamkeit auf den verschlagenen und bösartigen Feind richten."

Dies war der Beginn einer langanhaltenden Verknüpfung von Kreuzzugsbewegung und Kirchenreform, ohne die, wie man glaubte, Kreuzzüge nicht siegreich verlaufen konnten. Die Kreuzzugsbewegung erhielt neuen Auftrieb. Der dritte Kreuzzug leitete eine lange Periode ein, in der kaum ein Jahr ohne kriegerische Handlungen verging.

Der erste Kreuzzug (1096–1102)

Die Spaltung innerhalb der muslimischen Welt

Bis zum Jahr 1095 war Jerusalem, das Ziel der Kreuzzüge, über vierhundert Jahre lang in muslimischer Hand gewesen. Doch nun befand sich die muslimische Welt des Nahen Ostens in der Krise.

Die muslimische Kultur im Nahen Osten war das Ergebnis einer großen Expansionswelle, die im 7. Jh. von der Arabischen Halbinsel ausging. Unter einer arabischsprechenden Minderheit entwickelte sich eine blühende, bodenständige Landwirtschaft, entstanden Moscheen und Universitäten, so daß die muslimische Welt des Nahen Ostens zur Nachfolgerin der klassischen Hochkulturen des Mittelmeerraums wurde.

Die Kalifen betrachtete man als direkte Nachfolger des Propheten Mohammed. Bis zur Blütezeit der ʻAbbasidendynastie im 9. Jh. verfügte kein Kalif in der Praxis über uneingeschränkte Machtbefugnisse. Nach dieser Periode spaltete sich die muslimische Welt. Die ʻAbbasiden bekannten sich wie die Mehrheit der Muslime zum sunnitischen Islam. Im Jahr 969 wurde in Kairo das rivalisierende Kalifat der Fatimiden errichtet, die der ismailitischen Variante der schiitischen Minderheit angehörten. Während die Fatimiden ihre Macht auf Palästina und Syrien ausdehnten, wurden die ʻAbbasidenkalifen von Bagdad zu Gefangenen der Buyidendynastie persischer Schiiten.

1040 trat mit den Seldschuken ein neuer Machtfaktor hinzu. Diese waren türkische Nomaden, die sich erst kurz zuvor zum sunnitischen Islam bekehrt hatten und nun Afghanistan, Ostpersien und 1055 Bagdad eroberten. Seinen Zenit erreichte das Seldschukenreich in den siebziger Jahren des 11. Jh., als die Truppen Sultan Alp Arslans die Byzantiner bei Manzikert (1071) schlugen und Sultan Malik Schah, sein Sohn, den Fatimiden Syrien und den größten Teil Palästinas entriß. Nach seinem Tod brach ein Bürgerkrieg aus, in dessen Folge sich das Reich der Großseldschuken spaltete. Viele Turkmenen zogen nach Kleinasien, wo sich Mitglieder der Seldschukenfamilie zu Sultanen erhoben. Die Hauptstadt ihres Reiches war Nicäa, von wo aus sie unabhängig von ihren Verwandten im Osten regierten. Im Zentrum und Norden der Halbinsel waren die gewalttätigen, nomadischen Danischmeniden die vorherrschende Macht, die von der Idee des Ghaza, des Heiligen Krieges gegen die Christen, erfüllt waren.

In Ägypten war die Herrschergewalt von den Kalifen auf die Wesire, die militärischen Machthaber, übergegangen. 1094 spaltete sich die häretische Nizari-Sekte (im Westen Assassinen genannt) der Ismailiten ab. Ihr Zentrum lag in den Bergen des Nordiran, von wo aus sie nach Syrien übergriffen. 1098 gewannen die Fatimiden Jerusalem von den Seldschuken zurück, die mit anderen Sorgen beschäftigt waren: Die Heere des ersten Kreuzzuges hatten Kleinasien durchquert und Antiochia eingenommen. Aber die Spaltung der muslimischen Welt war so tiefgehend, daß selbst diese ernsthafte Bedrohung zu keiner gemeinsamen Antwort führte.

Der Ruf zu den Waffen

Die charismatische Predigt Papst Urbans II. veranlaßte Zehntausende aus allen Bevölkerungsschichten, sich dem ersten Kreuzzug anzuschließen.

Papst Urban II. proklamierte den ersten Kreuzzug auf dem Konzil zu Clermont am 27. November 1095 und rief die abendländische Ritterschaft zur Befreiung Jerusalems auf.

Seine einjährige Predigtreise (1095–1096) spielte eine wichtige Rolle in der Mobilisierung der Menschen. Der alte französische Papst verstand es, die Emotionen seiner Zuhörer in Szenen von außergewöhnlicher Theatralik zu wecken, so daß eine große Anzahl Kreuzfahrer den Gebieten nahe seiner Reiseroute entstammte.

Während der nächsten sechs Jahre schlossen sich wahrscheinlich nicht weniger als 130000 Frauen und Männer den nach Osten ziehenden Heeren an. Mehrere Tausend brachen unabhängig in kleinen Gruppen auf. Die meisten dieser Kreuzfahrer waren Bauern oder Städter, die von einer Woge populärer Begeisterung ergriffen worden waren.

Adlige und Ritter bildeten, obgleich die Führerschaft, nicht mehr als 10 Prozent der Kreuzfahrer. Auch schufen die Heiratsbande zwischen den adligen Familien Westeuropas ein internationales Netzwerk, das die Kreuzzugstradition förderte. So stellte z.B. die Familie der Herren von Aalst fünf Teilnehmer am 1. Kreuzzug und einen weiteren im Jahre 1107. Die Last der Ausgaben, um den Bedarf an Nahrung, Tieren und Ausrüstung sowohl für die Kreuzritter selbst als auch für ihr Gefolge zu decken, war drückend. Viele Adlige sahen sich gezwungen, Land zu verkaufen oder zu verpfänden. In Frankreich, das unter einer landwirtschaftlichen Depression litt, war nur schwer ein guter Preis zu erzielen. Die Tatsache, daß so viele zu einem derartigen Opfer bereit waren, macht deutlich, daß der Aufruf der Kirche den rechten Ton getroffen hatte.

Die Kreuzzugsbewegung entfesselte auch gewalttätige Emotionen in eine andere Richtung. Für die Kirche bestand die Rechtfertigung des ersten Kreuzzuges in der Besetzung Jerusalems durch die Muslime. Viele Kreuzfahrer jedoch nahmen, bevor sie ins Hl. Land aufbrachen, Rache an den Juden, die sie für die Kreuzigung verantwortlich machten. Judenpogrome fanden in Rouen (Frankreich), in Bayern und in Böhmen statt. Bei weitem die schlimmsten Ausbrüche des Antisemitismus ereigneten sich im Rheinland, wo in Mainz eine der größten jüdischen Gemeinden Europas vernichtet wurde. Kirchenmänner versuchten mit wechselndem Erfolg diese Ausbrüche zu beenden, doch jeder größere Kreuzzugsaufruf des 12. Jh. hatte erneute Angriffe auf die Juden zur Folge.

Der erste Kreuzzug

Gegen alle Widrigkeiten gelang es den ersten Kreuzfahrern, Jerusalem im Jahr 1099 zu erobern und christliche Staaten im Hl. Land zu errichten.

Die Aufgabe, der sich die ersten Kreuzfahrer gegenübersahen, war entmutigend. Nach dem Marsch durch Europa mußten sie byzantinisches Gebiet durchqueren, wo sie nur halbherzig willkommen geheißen wurden. Nur widerwillig von der Regierung mit knapp bemessenem Proviant ausgerüstet und der Feindschaft der Bevölkerung ausgesetzt, überquerten sie den Bosporus nach Kleinasien. Sowie sie islamisches Gebiet betreten hatten, befanden sie sich weit entfernt von regulärem Nachschub in gänzlich feindlicher Umgebung. Nur gelegentlich mit von Schiffen geliefertem Proviant versorgt, waren sie gezwungen, sich von einem Land zu ernähren, das fast bis nach Syrien hin eine unfruchtbare Einöde war.

Die Kreuzfahrer verließen Europa in drei Wellen. Der größte Teil der Heere der ersten Welle brach zu früh im Jahr 1096 auf, bevor die gute Ernte des Jahres eingebracht worden war. Er erreichte Asien nicht. Allein das von Peter dem Einsiedler geführte Heer gelangte nach Kleinasien, wo es von den vereinten Streitkräften der Seldschuken und Danischmeniden niedergemacht wurde. Ein ähnliches Schicksal ereilte die dritte Welle des Kreuzzuges.

Den Erfolg des Unternehmens bewirkte die zweite Welle. Im Juni 1097 wurde Nicäa, die erste bedeutende Stadt unter islamischer Herrschaft, eingenommen. Bis zum folgenden Herbst, als das Hauptheer in einer großen Schleife nördlich zog, um einen Gebirgspaß, die sogenannte „Syrische Pforte", zu umgehen, waren fast alle Packtiere gestorben, vier von fünf Rittern waren ohne Pferd. Die siebeneinhalbmonatige Belagerung von Antiochia muß vor allem wegen des Hungers und der dauernden Suche nach Nahrung im Gedächtnis geblieben sein. Das Umland war gänzlich verwüstet, so daß Kreuzfahrergruppen bis zu 80 Kilometer von den Lagern vor Antiochia wegzogen, um Versorgungsstützpunkte zu errichten. Internes Machtstreben verzettelte die Kräfte. Keiner der Kreuzzugsführer verfügte über genug Rückhalt, um seinen Willen den anderen Führern aufzwingen zu können.

März 1098 eroberte Balduin von Boulogne die Grafschaft Edessa und gründete den ersten Kreuzfahrerstaat. Dieser stellte für das Unternehmen einen strategischen Puffer dar und erfüllte die Funktion der dringend benötigten Materialquelle für die weiteren Etappen des Zuges. Ohne wirkliche Hilfe durch den byzantinischen Kaiser, von dem die Kreuzfahrer erwartet hatten, daß er das Kommando übernehmen würde, befreiten sie Jerusalem am 15. Juli 1099 und besiegten ein großes ägyptisches Entsatzheer nahe Askalon am 11. August. Während der zwei Jahre, die sie sich auf islamischem Territorium aufgehalten hatten, war ihre Anzahl durch Tod, Fahnenflucht oder Ansiedlung in Nordsyrien um zwei Drittel dezimiert worden.

Ihre Leistung erstaunte sowohl die Kreuzfahrer selbst als auch die Zeitgenossen. Sie konnten sich den Erfolg allein aus dem Eingreifen Gottes erklären. Ihre Isolation, ihre Fremdheitsgefühle und ihre Angst helfen die Brutalität zu begreifen, die sie bei der Einnahme von militärisch oder religiös bedeutsamen Orten an den Tag legten: Tell Baschir, Ravendel, Antiochia, Ma'arrat an-Nu'man und Jerusalem – es schien, als wollten sie die muslimische und jüdische Bevölkerung durch Angst und Terror vertreiben. Dies alles geschah in der Hoffnung, daß die einheimische christliche Bevölkerung durch westliche Siedler ergänzt würde – eine Politik, die noch für ein weiteres Jahrzehnt verfolgt wurde.

Die Anfänge einer Bewegung

Spanien: Der Beginn der Rückeroberung

Als der erste Kreuzzug gepredigt wurde, war Spanien bereits seit Jahrhunderten Schauplatz von Konflikten zwischen Christen und Muslimen.

Papst Urban II., der das christliche Europa gegen die Muslime des Nahen Ostens mobilisieren wollte, wünschte auch den Krieg gegen die Muslime in Spanien weiterzuführen und behandelte diesen ebenfalls als Kreuzzug.

Im 8. Jh. hatten muslimische Heere das spanische Westgotenreich erobert. Der christliche Widerstand begann bald darauf in Asturien. Nach der Niederlage der Muslime in Covadonga (722) wurde ein unabhängiges christliches Königreich unter König Pelagius errichtet. Seine Nachkommen annektierten Kantabrien und Galicien und verheerten das Duero-Tal, um ein unbegehbares Niemandsland zwischen Christen und Muslimen zu schaffen. Andere Zentren des Widerstandes bildeten sich in Pamplona und Aragón, während die französischen Karolinger Gerona (785) und Barcelona (801) einnahmen.

Das muslimische Spanien war ein unabhängiges Reich, regiert vom Emir von Córdoba, der nach 929 den Titel eines Kalifen annahm. Der erste große christliche Vorstoß fand nach 850 statt, als die Christen das Duero-Tal neu besiedelten. Die neue Grenze wurde ein Jahrhundert lang mit Festungen wie Simancas und durch Wehrbauern, die von Abteien wie Sahagun organisiert wurden, verteidigt.

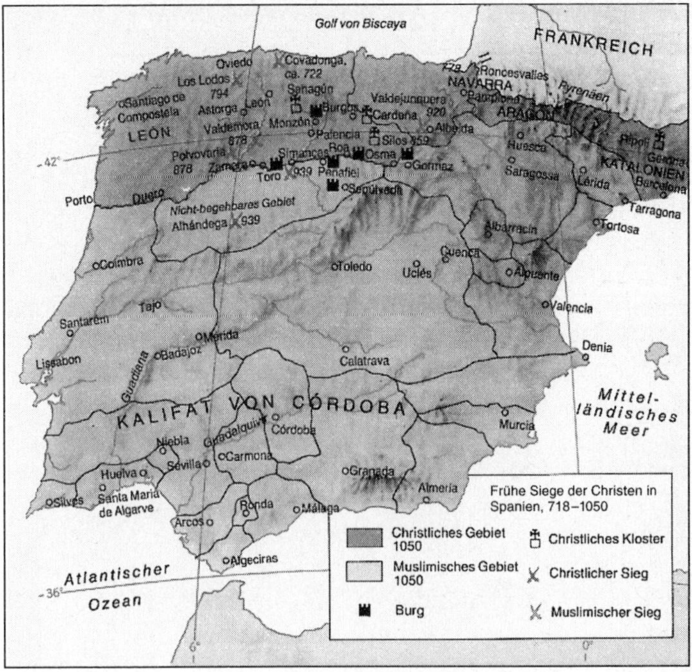

Der zweite große Erfolg gelang nach 1002, als das Kalifat von Córdoba in etwa 30 Kleinstaaten, die Taifa-Königreiche, zerfiel. Sie waren zu schwach, um den Christen Widerstand entgegenzusetzen, so daß sie ihnen bis 1085 tributpflichtig waren, als Alfons VI. von León Toledo einnahm und im Begriff erschien, sie alle zu erobern. Die Muslime erbaten Hilfe von den Führern der nordafrikanischen Almoraviden, die Alfons 1096 in Sagrajas schlugen und das muslimische Spanien ihrem Reich einverleibten.

Zwischenzeitlich war in Aragón ein deutlicher Vorgeschmack auf spätere Kreuzzüge zu spüren. Mit Hilfe des Papstes rekrutierte König Sancho Ramírez Tausende von Franzosen, die gleichermaßen von religiösen Motiven wie von Landhunger getrieben waren. Er und seine Nachkommen eroberten das muslimische Königreich Saragossa und gründeten durch die Vereinigung mit Aragón und Katalonien ein neues Reich, das in Rivalität zu León stand. Im Süden verteidigte Rodrigo Díaz de Vivar, genannt „el Cid", Valencia von 1094 bis 1099 gegen die Almoraviden.

Die meisten Angriffe der Almoraviden waren gegen Toledo gerichtet, und es war der erbitterte Widerstand dieser Stadt, der ihre Kraft brach. Mit einer unter Beistand des Papsttums betriebenen, begeisterten Politik der Europäisierung bauten die Könige Alfons VI. und VII. von León die militärische, demographische und spirituelle Basis ihrer Königreiche auf. Als das Reich der Almoraviden nach 1140 zusammenbrach, konnte Alfons VII. die christliche Herrschaft bis in das Tajo-Tal ausdehnen und so die Muslime auf das südliche Drittel der Halbinsel zurückdrängen.

Der Kampf um die christliche Vorherrschaft

Die Kreuzzugsunternehmen des frühen 12. Jahrhunderts sicherten die Küste für die Siedler aus dem Abendland.

Im Jahr 1100 besaßen diejenigen Kreuzfahrer, die sich zur Ansiedlung entschlossen hatten, nur einzelne Landenklaven. Sie brauchten weitere Hilfe aus dem Westen, und in der Zeit zwischen 1101 und 1147 fanden mehrere Züge ins Hl. Land statt. Bis zu diesem Zeitpunkt existierte keine entwickelte Kreuzzugsterminologie, so daß die einzelnen Züge nicht immer eindeutig zu bestimmen sind. So kann z.B. der Kreuzzug Sigurds von Norwegen (1107) einfach eine bewaffnete Pilgerfahrt gewesen sein. Mehrere andere Züge wurden als Kreuzzüge gepredigt: der Kreuzzug Boemunds von Tarent (1107–1108), der von Papst Calixt II. proklamierte Kreuzzug (1122–1126) sowie der Kreuzzug von 1128 bis 1129, der dem Angriff auf Damaskus galt. Die Bezeichnung Zweiter Kreuzzug, die gemeinhin die

Feldzüge von 1147–1148 (vgl. S. 47–50) beschreibt, ist daher unzutreffend, denn der Kreuzzug des Papstes Calixt II. nahm den zweiten Kreuzzug in wesentlichen Punkten vorweg. Er führte zugleich in den Orient, wo Tyrus 1124 eingenommen wurde, und nach Spanien, wo Alfons I. 1125 bis nach Malaga vordrang (vgl. S. 28).

Mit Hilfe aus dem Abendland übernahmen die Siedler in Palästina und Syrien systematisch die Küstenhäfen. Durch den Fall von Tyrus (1124) besaß die ägyptische Flotte keinen Hafen nördlich von Askalon mehr, das 1153 eingenommen wurde. Dies schränkte den Wirkungskreis der Flotte so sehr ein, daß sie nicht mehr erfolgreich gegen die Haupthandelsrouten im nordöstlichen Mittelmeer vorgehen konnte. So wurden die Verbindungen zwischen den christlichen Siedlungen und Europa sicherer. Doch die Siedler hatten bald Schwierigkeiten, einige ihrer Erfolge zu sichern. Um 1144 verloren sie die Kontrolle über Kilikien. Der Verlust des Großteiles der Grafschaft Edessa führte im selben Jahr zur Predigt eines neuen, breit angelegten Kreuzzuges im Westen (vgl. S. 47).

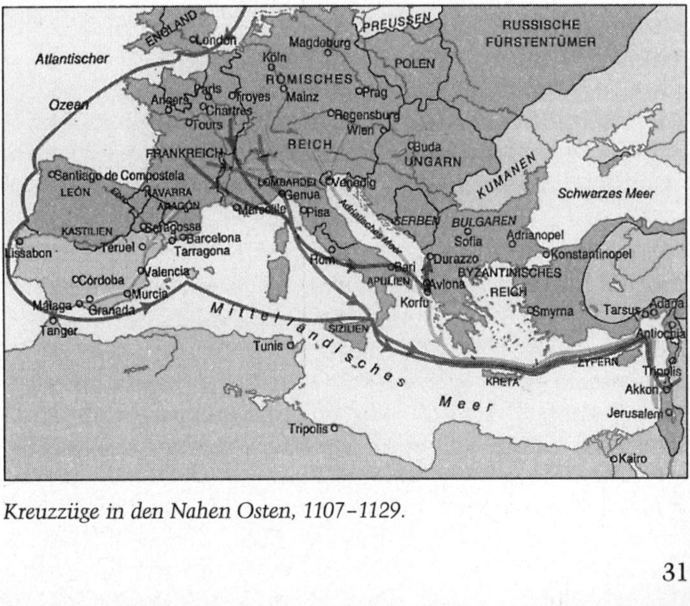

Kreuzzüge in den Nahen Osten, 1107–1129.

Die bemerkenswerten Verwandtschaftsbeziehungen während der frühen Kreuzzugszeit werden an den miteinander verbundenen Familien von Le Puiset und Montlhéry deutlich. Die Darstellung wäre noch bezeichnender, hätten in ihr auch Siedler Aufnahme gefunden. Während der Herrschaft König Balduins II. von Jerusalem waren viele der führenden Gestalten des lateinischen Ostens seine Verwandten.

Die ersten Siedler im lateinischen Osten (1098–1187)

Herrscher und Vasallen

Die Herrschaftsstruktur in den Kreuzfahrerstaaten war von den Prinzipien des Feudalismus bestimmt. Die Herrscher übergaben den Herren große Machtbefugnisse und sicherten sich hiermit deren Unterstützung.

Die Kreuzfahrer unterwarfen ihre Staaten einer Herrschaftsstruktur, die sich eng an das in Europa bestehende Feudalsystem anlehnte. So wurde das Königreich Jerusalem in einzelne Herrschaften unterteilt. Die Herren, die diese Gebiete beherrschten, waren Kronvasallen des Königs. Der König selbst hatte auf diese Gebiete so gut wie keinen Zugriff mehr, während den Herren die volle Gerichtsbarkeit über ihre eigenen Vasallen (Aftervasallen) zukam. Wie die Herrschenden in den Grenzgebieten Europas verfügten auch sie über beträchtliche Freiheiten in der Gestaltung der Beziehungen zu ihren muslimischen Nachbarn.

Der König besaß eine eigene Herrschaft, die Krondomäne. Die Verwaltungsstruktur der Krondomäne diente den anderen Herrschaften des Königreichs als Modell. Im Zentrum dieser Struktur stand die Beziehung zwischen Vasall und Herrscher, die sich gegenseitig verpflichtet waren. Häufige Streitfälle machten Gerichtshöfe unerläßlich. Da allein Katholiken voll rechtsfähig waren, stammten die Herren (bis auf wenige Einheimische, die sich bekehrt hatten) zumeist aus dem Abendland.

Die drei anderen Kreuzfahrerstaaten, die Grafschaften Tripolis und Edessa sowie das Fürstentum Antiochia, hatten die gleichen Herrschaftssysteme. Die Siedler übernahmen vieles von der bestehenden muslimischen Verwaltung, insbesondere das System der Steuereintreibung. Steuerbehörden wie Chaine und Fonde besaßen auch juristische Funktionen. Für die muslimischen und jüdischen Untertanen wurde eine Unterscheidung zwischen ‚spirituellen' und ‚weltlichen' Streitfällen eingeführt. Fälle der ersten Kategorie lagen in Händen der Qadis oder Rabbiner, während die der zweiten Kategorie an den neuen *Cours des Syriens* überstellt wurden. Die Dörfer der Eingeborenen standen weiter unter der Leitung eines Ältestenrates.

Zu den Verpflichtungen des Vasallen gehörte der Militärdienst. Dennoch waren mit etwa 2000 Mann im ganzen abendländischen Nahen Osten nicht annähernd genug Ritter vorhanden. Die Tatsache, daß die Krondomäne den König mit einem Reichtum versah, der größer war als der eines jeden seiner Vasallen, hielt das Machtverhältnis zwischen König und Adel im Gleichgewicht. Mit diesen Finanzmitteln konnte der König Söldner bezahlen, die zur Verteidigung des Landes unerläßlich waren.

Caesarea: eine Siedlerstadt

Die lateinischen Siedler des Hl. Landes übernahmen bestehende Städte und paßten sie ihren Bedürfnissen an.

Caesarea ist ein gutes Beispiel für eine mittelgroße Stadt des 12. Jh. Ihre römische Blütezeit war längst vergangen, so daß sie sich, als sie von den Kreuzfahrern im Mai 1101 eingenommen wurde, nur noch auf ein Zehntel des Areals erstreckte, das sie im 6. Jh. umfaßt hatte. Unter den Kreuzfahrern wurde sie Sitz eines weltlichen Herren und eines Erzbischofs. Die neuen Stadtbewohner vertrieben die muslimische Bevölkerung, ließen jedoch Straßen, Befestigungsanlagen, Wasserzufuhr, Bäder, Märkte, Geschäfte und Häuser weitgehend unverändert. Die

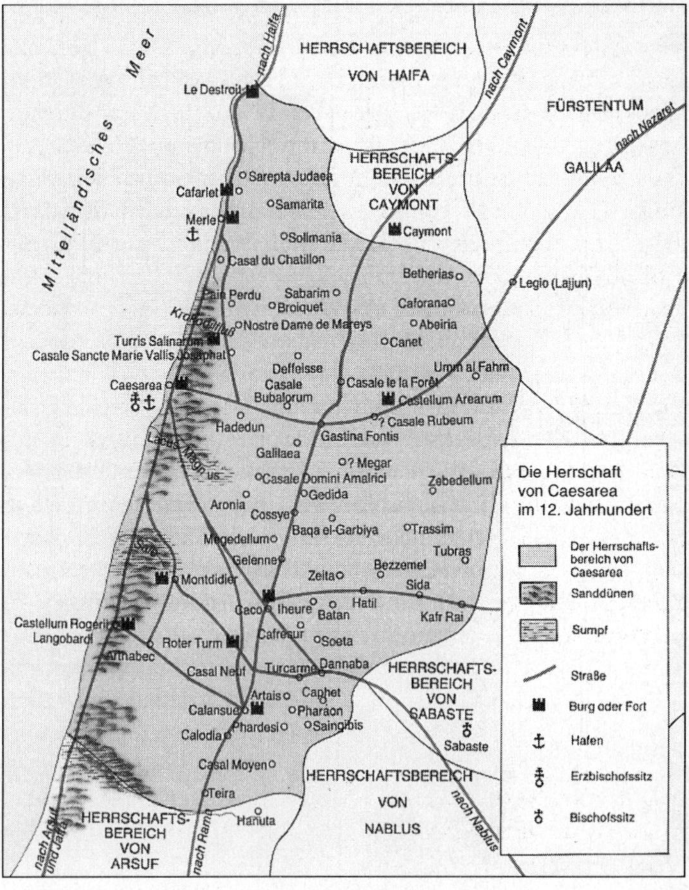

Moscheen wurden zunächst hastig in Kirchen umgewandelt. Im Verlauf des 12. Jh. wurde die Große Moschee der Muslime zerstört und an ihrer Stelle die Kathedrale von St. Peter erbaut.

Die Stadt war recht wohlhabend und profitierte sowohl vom lokalen Handel als auch von einem gewissen Fernhandel, obwohl sie hierin den nördlichen Hafenstädten Akkon, Tyrus und Beirut nicht gleichkam. An der Südseite des Hafens stand die Burg, bestehend aus einem massiven Turm und einer umgebenden Mauer, die von der Stadt durch einen mit Meerwasser gefüllten Graben getrennt war. Im Norden befand sich ein Hafendamm, der aus wiederverwendeten römischen Pfeilern errichtet worden war. Das hiervon umschlossene Areal stellte nichts anderes als das vor elf Jahrhunderten von römischen Konstrukteuren gebaute innere Hafenbecken dar. Man sagte von ihm, daß es so klein war, daß nur ein Schiff untergebracht werden konnte.

Die Stadtmauern des 12. Jh. waren im Grunde genommen diejenigen, die die Muslime errichtet hatten. Sie umschlossen nur ein zentrales Rechteck der gitterförmigen römischen Straßenanlage. Mächtige rechteckige Türme ragten aus der Mauer hervor und schützten die Tore. Um die Mauern herum verlief ein trockener Graben. Viele Häuser entstammten der muslimischen Zeit und waren nach orientalischer Art gebaut, d.h. mit einem Innenhof, in dem sich eine Regenwasserzisterne befand. Die meisten Häuser hatten ein oberes Stockwerk; Wasser wurde vom 15 Kilometer nördlich entfernten Krokodilfluß über einen der immer noch erhaltenen römischen Aquädukte herbeigeführt. Außerhalb der Mauern erstreckte sich ein Friedhof nach Süden. Im Norden und Osten dehnten sich Gärten und Obstgärten aus, soweit es die vordringenden Dünen erlaubten.

Siedlerdörfer

Das Dorf Parva Mahumeria war eine Pioniersiedlung christlicher Kolonisten im Hl. Land.

Im Königreich Jerusalem lebte der größte Teil der eingewanderten fränkischen Bevölkerung in Städten und Burgen. Auf dem Land lebten fast ausschließlich eingeborene Syrer, sowohl Christen als auch Muslime. Dennoch wurden einige Versuche unternommen, abendländische Einwanderer auch auf dem

Land anzusiedeln. Viele Grundbesitzer der Gegend um Jerusalem unterstützten dieses Vorhaben, unter ihnen die Kanoniker des Hl. Grabes (vgl. S. 44). Sie waren hierzu bestens in der Lage, denn Gottfried von Bouillon hatte ihnen bei seinem Tod 1100 einige Dörfer vermacht. 1120 richteten die Kanoniker die erste derartige Siedlung etwas nördlich der Stadt Jerusalem in Magna Mahumeria (al-Bira) ein. Die Siedler, Freiwillige aus Südfrankreich sowie einige Spanier und Italiener, wurden mit dem Angebot von Land und Hausgrundstücken zu sehr attraktiven Bedingungen geworben. Als Gegenleistung entrichteten sie jährliche Abgaben in Form landwirtschaftlicher Produkte an den Verwalter der Kanoniker, der in einem Verwaltungsgebäude (curia) arbeitete und lebte. Um 1155 hatte das Dorf etwa 450 Einwohner, darunter drei Schmiede, drei Zimmerleute, ein Steinmetz, ein Schuhmacher sowie ein Goldschmied. Die Bevölkerung stieg weiter kontinuierlich an und erreichte um 1187 etwa 700 Personen. Die Siedler waren zum Militärdienst verpflichtet: 65 Männer aus Magna Mahumeria starben 1170 bei der Verteidigung Gazas gegen Saladin. Auch eine Kirche wurde erbaut.

Das zweite Unternehmen dieser Art stellte Parva Mahumeria (al-Qubaiba) dar. Dieses Dorf wurde 1164 auf den Ländereien von Bethsurie, an der Straße zwischen Jerusalem und der Küste, errichtet. Wie Magna Mahumeria besaß es eine Kirche und ein von überwölbten Vorratsräumen umschlossenes Verwaltungsgebäude. Die im europäischen Stil gebauten Häuser des Dorfes lagen entlang der einzigen Hauptstraße. Die Aufenthaltsräume waren über große unterirdische Gewölbe gebaut, die als Räume zur Vorratshaltung oder als Werkstätten dienten. Von den 29 Kellern, die von Archäologen ausgegraben wurden, war einer eine Bäckerei, ein anderer enthielt eine Drehpresse für Oliven. Fast die Hälfte der Keller besaßen zum Pressen geeignete Böden mit dem steinernen Gegengewicht für Preßanlagen, was die Bedeutung der Produktion von Wein und Olivenöl für die Siedlerdörfer unterstreicht.

Die Siedlungen waren kurzlebig. Als Saladin 1187 vordrang (vgl. S. 58), wurden sie im Stich gelassen. Ein jüdischer Reisender, der 1210 durch Magna Mahumeria zog, fand das Dorf verlassen vor.

Das Heilige Land

Das Hl. Land besaß eine enorme emotionale Anziehungskraft für die katholischen Siedler. Jeder Winkel des Landes konnte mit Christus, den Jüngern, den Heiligen und Patriarchen sowie den Propheten des Alten Testamentes in Verbindung gebracht werden.

Die Möglichkeit, die Hl. Stätten betreten zu dürfen, spielte eine wichtige Rolle bei der Entwicklung der Kreuzzugsbewegung. Nur wenige, die das Kreuz nahmen und nach Palästina zogen, um dort zu kämpfen, dürften heimwärts gezogen sein, ohne die wichtigsten Stätten zuvor besucht zu haben. Ihr Bild von der „spirituellen Geographie" des Landes war durch vielfältige Quellen schriftlicher, mündlicher und auch kartographischer Art beeinflußt. Die Autoren des 12. Jh. fügten neue Informationen hinzu, die der persönlichen Erfahrung oder aber dem Gespräch mit Mönchen und Klerikern entstammten, die im Hl. Land gelebt hatten. Oft flossen in ihren Berichten das, was sie gelesen hatten, und das, was sie tatsächlich gehört und gesehen hatten, ineinander. So scheinen z.B. die Blumen, die der Engländer Saewulf 1102 oder 1103 auf dem Berg Tabor sah, den Worten des Beda Venerabilis (702–703) entlehnt.

Einige bekannte biblische Ereignisse werden mit mehreren verschiedenen Orten verbunden. Dies hängt entweder von der Informationsquelle des Autors oder aber davon ab, wie leicht ein bestimmter Platz zu erreichen war. Emmaus zum Beispiel wurde traditionell bei der griechischen Kirche von Amwas, am Rand der Küstenebene, lokalisiert. Im 12. Jh. jedoch wurde die-

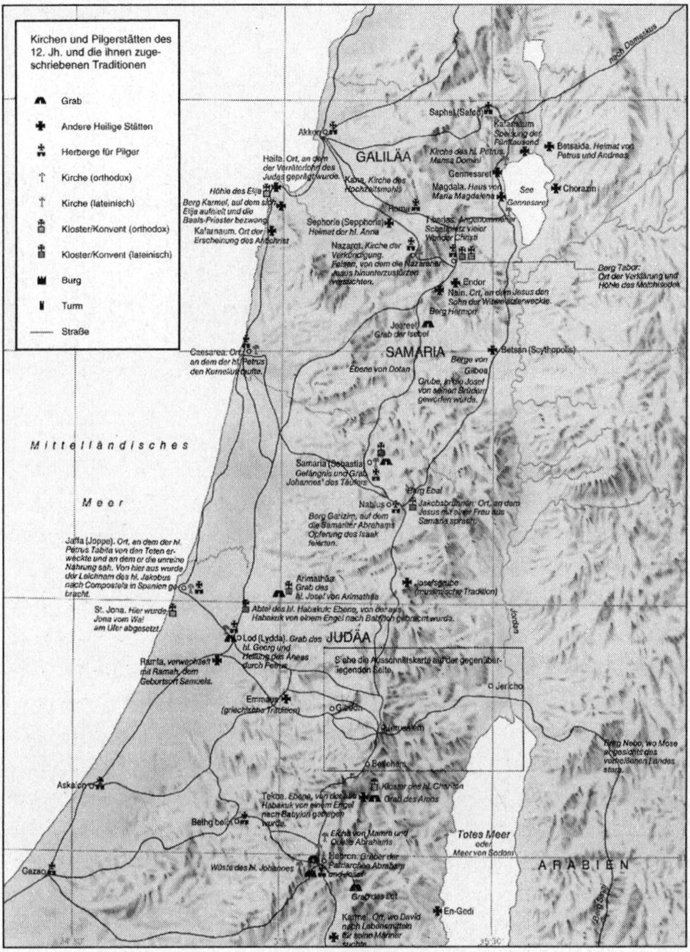

ser Ort näher bei Jerusalem angesiedelt und mit Abu Ghosch identifiziert. Als die christlichen Pilger nach dem Verlust Jerusalems eine weiter nördlich gelegene Straße benutzen mußten, wurde die überlieferte Lokalisierung erneut abgeändert, so daß die westlichen Pilger heute der Erscheinung des auferstande-

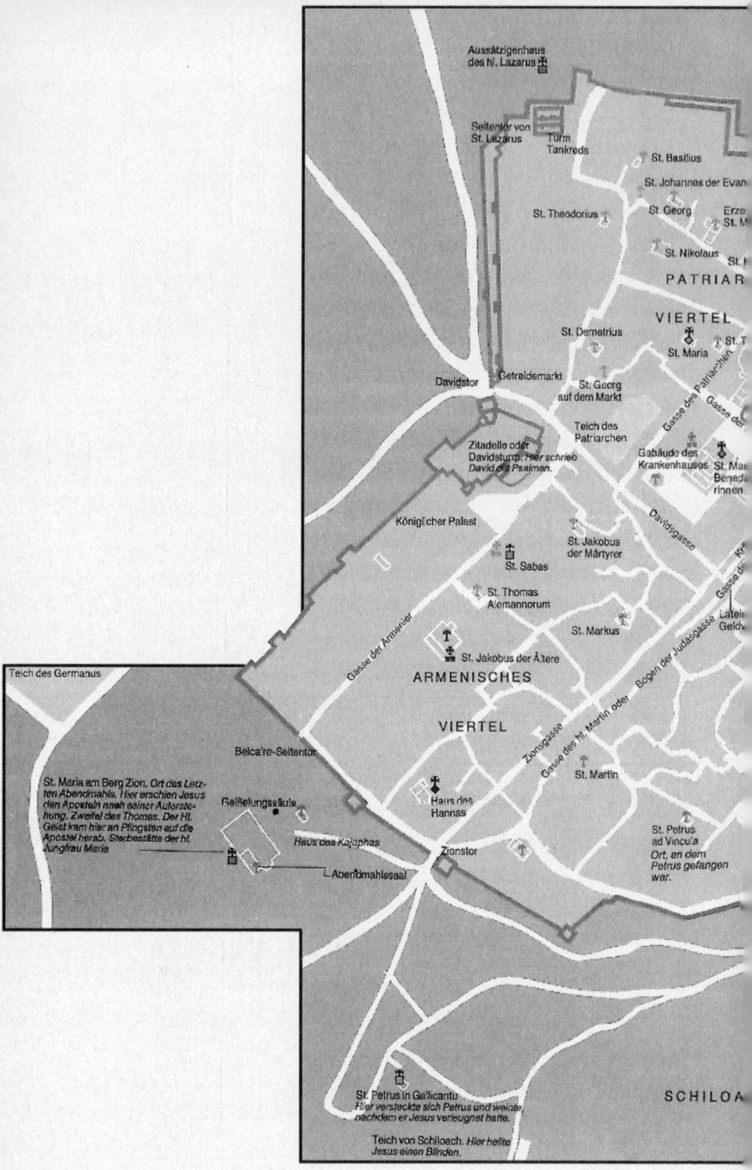
Aussätzigenhaus
des hl. Lazarus
Seitentor von
St. Lazarus
Turm
Tankreds
St. Basilius
St. Theodorius
St. Georg
St. Nikolaus
VIERTEL
St. Demetrius
St. Maria
Davidstor
Getreidemarkt
St. Georg
auf dem Markt
Teich des
Patriarchen
Gasse des Patriarchen
Zitadelle oder
Davidsturm. Hier schrieb
David die Psalmen.
Gebäude des
Krankenhauses
Davidsgasse
Königlicher Palast
St. Jakobus
der Märtyrer
St. Sabas
St. Thomas
Alemannorum
St. Markus
Gasse der Armenier
St. Jakobus der Ältere
ARMENISCHES
VIERTEL
Bogen der Judasgasse
Gasse des hl. Martin oder
Zionsgasse
St. Martin
Teich des Germanus
Belcaire-Seitentor
St. Maria am Berg Zion. Ort des Letz-
ten Abendmahls. Hier erschien Jesus
den Aposteln nach seiner Auferste-
hung. Zweifel des Thomas. Der Hl.
Geist kam hier an Pfingsten auf die
Apostel herab. Sterbestätte der hl.
Jungfrau Maria
Geißelungssäule
Haus des
Hannas
Haus des Kajaphas
Zionstor
Abendmahlssaal
St. Petrus
ad Vincula
Ort, an dem
Petrus gefangen
war.
St. Petrus in Gallicantu
Hier versteckte sich Petrus und weinte,
nachdem er Jesus verleugnet hatte.
Teich von Schiloach. Hier heilte
Jesus einen Blinden.

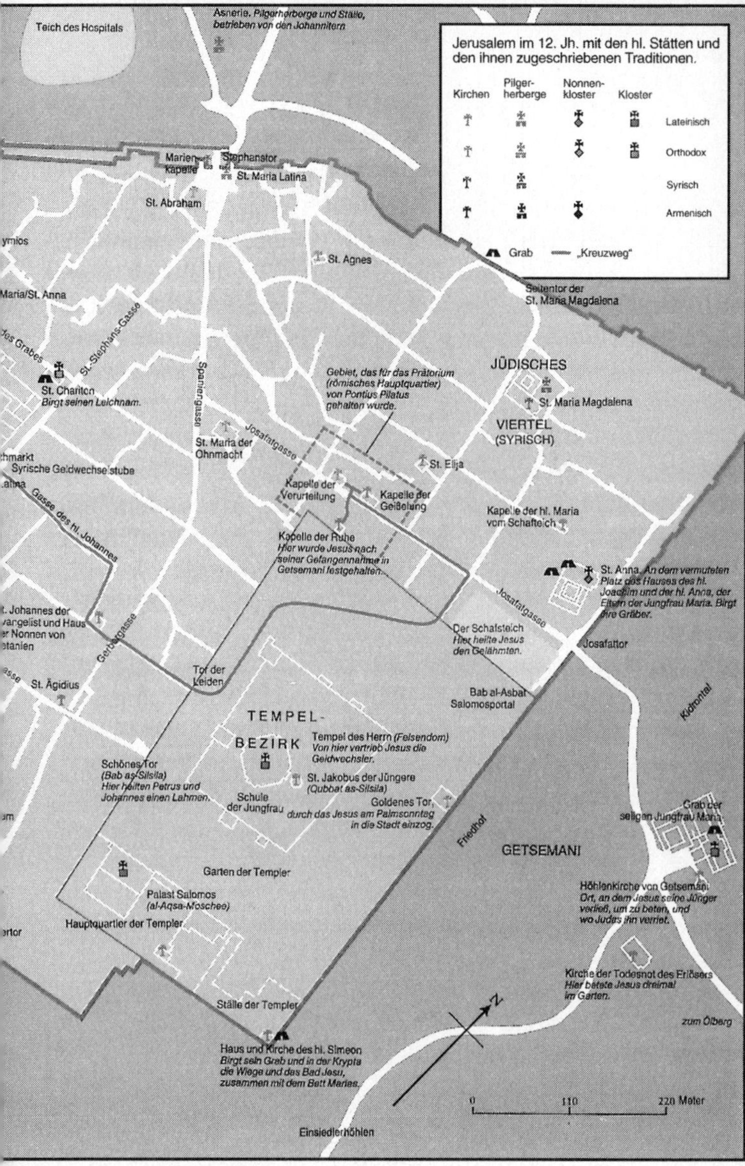
Jerusalem im 12. Jh. mit den hl. Stätten und den ihnen zugeschriebenen Traditionen.
Kirchen
Pilger-herberge
Nonnen-kloster
Kloster
Lateinisch
Orthodox
Syrisch
Armenisch
Grab
„Kreuzweg"
Teich des Hospitals
Asnerie. Pilgerherberge und Ställe, betrieben von den Johannitern
Marienkapelle
Stephanstor
St. Maria Latina
St. Abraham
St. Agnes
Seitentor der St. Maria Magdalena
St.-Stephans-Gasse
St. Chariton
Birgt seinen Leichnam.
Spaniergasse
Gebiet, das für das Prätorium (römisches Hauptquartier) von Pontius Pilatus gehalten wurde.
JÜDISCHES
VIERTEL
(SYRISCH)
St. Maria Magdalena
Josafatgasse
St. Maria der Ohnmacht
Syrische Geldwechselstube
St. Elija
Kapelle der Verurteilung
Kapelle der Geißelung
Gasse des hl. Johannes
Kapelle der Ruhe
Hier wurde Jesus nach seiner Gefangennahme in Getsemani festgehalten.
Kapelle der hl. Maria vom Schafteich
St. Anna. An dem vermuteten Platz des Hauses des hl. Joachim und der hl. Anna, der Eltern der Jungfrau Maria. Birgt ihre Gräber.
Josafatgasse
Gerbergasse
Der Schafsteich
Hier heilte Jesus den Gelähmten.
Josafattor
Tor der Leiden
St. Ägidius
Bab al-Asbat
Salomosportal
Kidrontal
TEMPEL-
BEZIRK
Tempel des Herrn (Felsendom)
Von hier vertrieb Jesus die Geldwechsler.
Schönes Tor
(Bab as-Silsila)
Hier heilten Petrus und Johannes einen Lahmen.
St. Jakobus der Jüngere
(Qubbat as-Silsila)
Schule der Jungfrau
Goldenes Tor,
durch das Jesus am Palmsonntag in die Stadt einzog.
Grab der seligen Jungfrau Maria
Friedhof
GETSEMANI
Garten der Templer
Palast Salomos
(al-Aqsa-Moschee)
Höhlenkirche von Getsemani
Ort, an dem Jesus seine Jünger verließ, um zu beten, und wo Judas ihn verriet.
Hauptquartier der Templer
Kirche der Todesnot des Erlösers
Hier betete Jesus dreimal im Garten.
Ställe der Templer
zum Ölberg
N
Haus und Kirche des hl. Simeon
Birgt sein Grab und in der Krypta die Wiege und das Bad Jesu, zusammen mit dem Bett Marias.
0
110
220 Meter
Einsiedlerhöhlen

nen Christus vor Kleopas in al-Qubaiba gedenken, einem Dorf, das vor dem 12. Jh. nicht bestand (vgl. S. 36).

Viele der bedeutenden Hl. Stätten waren von Kirchen der späten römischen und byzantinischen Epoche überbaut, von denen jedoch die meisten vor dem 12. Jh. zerstört worden waren. Nach der Übernahme durch die Kreuzfahrer war ein gewaltiges Wiederaufbauwerk erforderlich. Fast alle Hl. Stätten wurden der Sorge von Klöstern oder Domkapiteln unterstellt, die sich sowohl der spirituellen als auch der materiellen Bedürfnisse der Pilger annahmen. Die Templer und Johanniter (vgl. S. 51) stellten militärische Eskorten für Pilgergruppen bereit.

Die Heilige Stadt

Jerusalem – die Heilige Stadt – war nun zur Hauptstadt eines christlichen Königreiches geworden, in die Pilger aus allen Gegenden der Christenheit strömten.

Zum ersten Mal seit 450 Jahren war die Stadt, in der Christus am Kreuz gelitten hatte, in christlicher Hand. Nach der furchtbaren Belagerung (vgl. S. 26) wurden die Leichname entfernt, und der Wiederaufbau begann. Jerusalem wurde die Hauptstadt eines weltlichen Königreiches. Der königliche Palast wurde neben der al-Aqsa-Moschee in einem Bereich errichtet, in dem man den Bezirk des alten Tempels zu erkennen glaubte. Später wurde dieser Platz den Templern (daher ihr Name) übereignet. Ein neuer Palast erstand neben dem Davidsturm, d.h. ebenfalls an einem Ort, der voller Sinnbezüge auf das Königtum war.

Die Stadt hatte nur geringe ökonomische Bedeutung und war zuerst beträchtlich unterbevölkert. Aber sie war die heiligste Stadt der Christenheit – das Zentrum der Welt in der Sicht christlicher Kartographen. Glocken, die unter muslimischer Herrschaft verboten waren, wurden in den Kirchen wieder aufgehängt. Ein lateinischer Patriarch und lateinische Kleriker wurden eingesetzt. Nun wandelte sich der Pilgerstrom, der vor dem ersten Kreuzzug in die Stadt geflossen war, zur Flut.

Die wichtigsten Hl. Stätten in Jerusalem waren diejenigen, die mit den Leiden und der Auferstehung Christi verbunden wurden. Es begann mit Christi Einzug durch das Goldene Tor, setzte sich fort mit seiner Predigt im Tempelbezirk, seiner Gefangensetzung auf dem Berg Getsemani, seiner Einkerkerung, dem Prozeß und der Verurteilung, die sich im Bereich des Palastes des römischen Statthalters (Praetorium) zugetragen hatten. Von hier aus trug er das Kreuz auf den Kalvarienberg. Auf die Kreuzigung und Grablegung folgte die Erscheinung des Auferstandenen vor den Aposteln im Abendmahlssaal des Berges Zion. Die Pilger folgten dem Kreuzweg vom Praetorium zum Kalvarienberg, der, zusammen mit dem Grab Christi, von der Grabeskirche umschlossen war (vgl. S. 44).

Im frühen 12. Jh. betraten die Pilger normalerweise die Stadt durch das Davidstor nahe der Zitadelle (auch Davidsturm genannt). Von hier aus gingen sie direkt zur Grabeskirche, um am Grab Christi zu beten. Im weiteren Verlauf des Jahrhunderts bildeten sich weniger bedeutende Stätten der Verehrung aus. Ferner entstanden Herbergen, wie z.B. diejenige, die der Kirche St. Maria Latina angeschlossen war, um den Strom der Pilger zu versorgen, die über den Seeweg in Jaffa und Akkon ankamen. Die Johanniter (vgl. S. 51) erbauten ein großes Krankenhaus mit 2000 Betten für kranke und notleidende Pilger.

Bis zum Zeitpunkt, als Jerusalem an Saladin fiel (1187), waren die Benediktiner von St. Maria und die Johanniter gezwungen, Teile der Pilgerflut außerhalb der Stadtmauern unterzubringen. Die Gläubigen anderer christlicher Kirchen hatten ihre eigenen Unterkünfte. Armenier fanden Aufnahme im Kathedralkonvent von St. Jakobus, Griechen und Russen in einem von den Mönchen des hl. Sabas geführten Haus und die syrischen Jakobiten in der großen Kirche St. Maria Magdalena.

Das Heilige Grab

Die Kirche des Hl. Grabes in Jerusalem bildete das emotionale Zentrum der christlichen Welt. Sie wurde direkt über dem Kalvarienfelsen und dem Grab Christi erbaut.

Die Grabeskirche, die die westlichen Pilger des 12. Jh. besuchten, war ein Gebäude, das verschiedene Bauperioden in sich vereinte. Nachdem sich der römische Kaiser Konstantin dem Christentum zugewandt hatte, wurde das Grab Christi, das zwei Jahrhunderte lang unter den heidnischen Tempeln des Forums in Jerusalem verborgen war, freigelegt. Der das Grab umgebende Felsen wurde beseitigt und das Grab von einer Rotunde unter einer weiten Holzkuppel umschlossen. Im Osten baute man eine große Gemeindekirche. Diese wurde von der Rotunde durch einen säulenverzierten Hof getrennt, der an seiner Südostecke den Kalvarienfelsen sowie andere Stätten, an denen der Passion gedacht wurde, umschloß.

Obgleich Jerusalem 638 an die Muslime fiel, wurde die Fortsetzung der christlichen Verehrung unter der Obhut der griechisch-orthodoxen Kirche bis 1009 erlaubt, als der wahnsinnige Kalif al-Hakim die Kirche Konstantins bis auf den Grund zerstörte. Zwischen 1042 und 1048 wurden Rotunde und Hof vom byzantinischen Kaiser Konstantin IX. Monomachos wiederaufgebaut. Das Grab Christi, das auf Befehl al-Hakims dem Erdboden gleichgemacht worden war, wurde durch eine Nachbildung ersetzt. Um das Grab herum wurde die Rotunde als Rundkirche wiederhergestellt, die eine Galerie und eine Apsis an der Ostseite besaß, die den Hauptaltar enthielt.

Nachdem die Kreuzfahrer 1099 Jerusalem eingenommen hatten, wurde eine Gemeinschaft von 20 Kanonikern am Hl. Grab eingerichtet. Bald wurde offenkundig, daß die wiederaufgebaute byzantinische Kirche zu klein für die Pilgerschar war, die in die Stadt strömte. Während der folgenden 50 Jahre wurde der Gesamtkomplex in eine große romanische Kirche umgestaltet. Der Glockenturm, die Kuppel über dem Querschiff und der Kreuzgang der Kanoniker kamen später im Jahrhundert hinzu.

Der neue Chor der Kreuzfahrer (am 15. Juli 1149 geweiht) wurde anstelle des früheren offenen Hofes zwischen Rotunde und der Kirche Konstantins gebaut. Die Pilger näherten sich von der Marktstraße im Süden und gingen in einem gewölbten Säulengang weiter in den vor der Südfront der Kirche liegenden parvis oder Hof. Zur linken Seite des Hofes lagen drei Kapellen: die Kapelle des hl. Johannes unter dem Glockenturm nahe der Kirche, die Kapelle der Heiligsten Dreifaltigkeit mit dem Taufstein und die Kapelle des hl. Jakobus, des ersten Bischofs von Jerusalem. Rechts von den Toren lag die Kapelle der Maria von Ägypten unter einer reich geschmückten Treppe, die zur gewölbten Kapelle der Franken führte. Diese bildete eine Art Vorhalle zur Kapelle, die den Kalvarienfelsen umschloß.

Gleich nach dem Doppeltor der Kirche, um Golgota oder die Kapelle Adams unter Kalvaria, liegen die Gräber der latei-

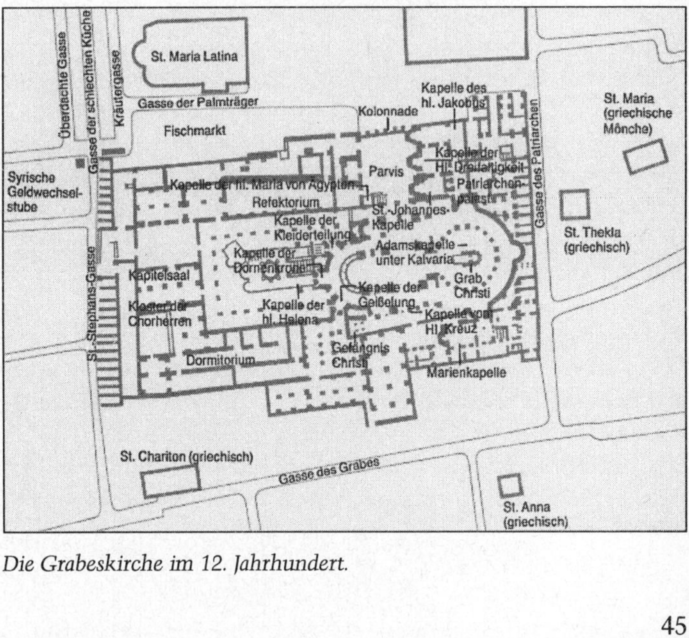

Die Grabeskirche im 12. Jahrhundert.

nischen Könige von Jerusalem. Der Nabel der Welt war auf dem Fußboden, direkt unter der Kuppel über dem Querschiff des neuen Chores, markiert. Er lag nahe dem Platz, an dem der Leib Christi zum Begräbnis gesalbt worden war. Im Westen stand das Hl. Grab selbst, im Osten der Hochaltar mit einem Mosaik in der Halbkugel der Apsis, das den Triumph Christi über den Tod darstellt.

Im Norden der Kirche lagen die Marienkapelle und zwei Kapellen, die Reliquien vom Kreuz Christi und das Gefängnis Christi enthielten. In der Wandelhalle der Apsis im Osten befanden sich drei Kapellen (eine mit dem Altar des hl. Longinus), die an die Dornenkrönung, die Verteilung der Kleider Christi und an seine Geißelung erinnerten. Außerhalb der Kirche im Osten, unterhalb des Kreuzgangs der Kanoniker, lag die Kapelle der hl. Helena, der Mutter Kaiser Konstantins, mit der aus dem Stein gehauenen Zisterne, in der sie das Hl. Kreuz aufgefunden haben soll.

Der Krieg an drei Fronten (1145–1148)

Der zweite Kreuzzug

Der zweite Kreuzzug war ein Unternehmen von beispiellosem Ausmaß, ein Krieg an drei Fronten: in Spanien, im Baltikum und im Nahen Osten.

Der zweite Kreuzzug wurde durch die Notlage im Hl. Land ausgelöst. Sein Verlauf zeigt, daß der Kreuzzugsgedanke auf verschiedene Schauplätze christlicher Kriegsführung übertragbar war und, wie die Predigt des hl. Bernhard von Clairvaux deutlich macht, für die spirituellen Bedürfnisse der einzelnen Christen genutzt werden konnte.

Am Weihnachtsabend 1144 eroberte der islamische Herrscher von Aleppo und Mosul, Imad al-Din Zengi, die Stadt Edessa, die seit 1098 (vgl. S. 30) in Händen der lateinischen Christenheit war. Im Dezember des folgenden Jahres rief Papst Eugen III. einen neuen Kreuzzug aus. Seine Bulle „Quantum praedecessores" stellte zum ersten Mal die spirituellen und materiellen Privilegien für die Kreuzfahrer zusammen. Sie zeigte keine unmittelbare Wirkung. In Frankreich traf Ludwigs VII. Absichtserklärung, ins Hl. Land zu ziehen, auf Ablehnung. Erst nach der zweiten Bulle Eugens begann die gemeinschaftliche Anwerbung von Kreuzfahrern. Papst Eugens wichtigster Beitrag war die Berufung Bernhards, des Abtes von Clairvaux, zum Hauptprediger des Kreuzzuges. Er war der spirituelle Führer seiner Zeit und wurde später (1174) heiliggesprochen. Ostern 1146 nahm Ludwig VII. zusammen mit seinen Fürsten das Kreuz in Vézelay. Die anwesende Menschenmenge war so gewaltig, daß Bernhard auf den Feldern predigen mußte, die sich unterhalb der auf einem Hügel liegenden Kirche erstreckten. Bernhard trug der begeisterten Reaktion Rechnung und zerriß seine Kleider, um genügend Stoffkreuze für die Gewänder der Kreuzfahrer zu haben.

Nach diesem dramatischen Erfolg reiste Bernhard durch Burgund und Flandern. Er wandte sich dann dem Rheinland zu, um die antisemitische Hetze des unautorisierten Predigers Radulf zu bekämpfen. An die Orte, wohin er nicht persönlich reisen konnte, versandte er Briefe. Nach einer Reise an den Oberrhein und in die Schweiz überredete Bernhard König Konrad III. im Dezember 1146, in Speyer das Kreuz zu nehmen.

Bernhard appellierte gezielt an die Hoffnung der einzelnen auf Erlösung. Mit den spirituellen und kriegerischen Wünschen der Ritter war er vertraut. Er hatte die Schrift „De laude novae militiae" (1128–1137) verfaßt, die das Ideal der Templer (vgl. S. 51) von einem Rittertum, das sich dem Dienst Gottes weiht, pries. Nun bot er den „mächtigen, tapferen Männern" einen Handel an: Als Lohn für die Kreuznahme würden sie in einem spirituell verdienstvollen Kampf die volle Vergebung der Sünden erhalten. Für Bernhard war der Kreuzzug nicht nur ein militärisches Unternehmen, sondern auch die Gelegenheit zur individuellen und kollektiven Erlösung.

Der Kreuzzug entwickelte sich rasch in unvorhergesehene Richtungen. Im Frühjahr 1147 stellte der Papst den Feldzug König Alfons' VII. von Kastilien gegen die Mauren in Spanien (vgl. S. 71) einem Kreuzzug gleich. Mit Hilfe der Flotten von Aragón und Genua nahm König Alfons den Hafen von Almería ein. Im Oktober gab Bernhard von Clairvaux den norddeutschen Fürsten die Erlaubnis, ihre Angriffe auf die heidnischen Wenden als Teil des umfassenden Kreuzzugsunternehmens zu betrachten. Die dänischen und sächsischen Angriffe auf Dobin sowie die größere sächsische Offensive gegen Demmin und Stettin endeten mit einem Waffenstillstand.

Die zwei Hauptheere, die in den Orient zogen, wurden von den Franzosen unter Ludwig VII. und den Deutschen unter

Konrad III. gebildet. Beide Heere zogen in engem räumlichem und zeitlichem Abstand durch Europa und erreichten Konstantinopel im Herbst. Viele Kreuzfahrer segelten direkt ins Hl. Land, darunter Franzosen und Italiener unter der Leitung der Grafen von Auvergne und Savoyen und dem Markgrafen von Montferrat sowie Provenzalen unter Alfons Jordan, dem Grafen von Toulouse. Eine Flotte aus Flamen, Rheinländern, Friesen, Normannen und Engländern half dem portugiesischen König bei der Eroberung Lissabons im Oktober 1147. Die Flotte setzte ihre Reise in den Osten im folgenden Februar fort und nahm auf ihrer Fahrt die Stadt Faro ein. Einige sonderten sich von der Hauptflotte ab, um sich dem Grafen von Barcelona und den Genuesen anzuschließen, die Tortosa belagerten (Juli bis Dezember 1148). Mit großen Armeen auf byzantinischem Territorium und Flottenkontingenten im Mittelmeer waren die Kreuzfahrer gerüstet, ihr ursprüngliches Operationsziel in Angriff zu nehmen: die Rückeroberung der Stadt Edessa.

Der zweite Kreuzzug in den Nahen Osten

Der in den Nahen Osten führende Zweig des zweiten Kreuzzuges sollte sich als völliger Fehlschlag erweisen. Der lange Marsch durch Feindgebiet endete mit einem demoralisierenden Rückzug.

Obgleich Zweige des zweiten Kreuzzuges nach Spanien und in den Osten Europas führten, geriet das ursprüngliche Kriegsziel, die Rückeroberung Edessas, nicht in Vergessenheit.

Die Heere der Deutschen und Franzosen (vgl. S. 47) überschritten den Bosporus nach Kleinasien, wo sich das deutsche Hauptheer teilte. Bischof Otto von Freising, der Halbbruder Konrads III., leitete den Zug der nicht zum Kampf bestimmten Pilger ins Hl. Land. Konrad führte im Oktober sein Heer bei Dorylaeum in die Schlacht, wo es gegen die Türken eine schwere Niederlage erlitt. Hiernach erkrankte Konrad und kehrte nach Konstantinopel zurück. Die Überreste seiner Armee schlossen sich den Franzosen an, die entlang der Küstenstraße nach Attaleia zogen. Das Heer Ludwigs litt am Winterwetter, wurde fortwährend von Türken angegriffen und durch das Verhalten der Byzantiner behindert, die nur widerstrebend den nötigen Nachschub bereitstellten. Von allen Seiten bedrängt, entging es am Berg Cadmus nur knapp der Vernichtung. Tempelritter sammelten die Truppen und stellten die Disziplin wieder her, so daß die Kreuzfahrer im Januar 1148 Attaleia erreichten. Die byzantinische Flotte, die das Heer nach Syrien übersetzen sollte, erwies sich bei ihrer Ankunft als bei weitem zu klein, so daß Ludwig gezwungen war, den größten Teil seines Heeres sich selbst zu überlassen. Diese Kreuzfahrer versuchten Tarsus auf dem Landweg zu erreichen, wobei die meisten von ihnen ihr Leben ließen.

In Syrien angekommen, gab Ludwig seinen ursprünglichen Plan der Rückeroberung Edessas auf und entschloß sich, sein Gelübde in Jerusalem zu erfüllen. Bis zum Ende des Frühjahres 1148 waren die Kreuzfahrerhauptgruppen in Palästina versammelt, und auch der wiedergenesene König Konrad hatte sich angeschlossen.

Am 24. Juni kamen auf dem Rat zu Akkon die Kreuzfahrer, König Balduin und der Adel des Königreiches Jerusalem überein, gemeinsam Damaskus anzugreifen. Im späten Juli wurde der Angriff unternommen. Die Kreuzfahrer eroberten die Obstgärten im Südwesten der Stadt. Als sie auf heftigen Widerstand stießen, wurden die Truppen in den Osten verlegt, wo die Befestigungsanlagen überwindbarer erschienen. Doch dies erwies sich als folgenschwerer Fehler. Das Gebiet war eine offene Ebene, die weder Schutz noch Wasser bot, so daß die Truppen zum Rückzug gezwungen waren. Wechselseitige Beschuldigungen folgten, die das Verhältnis zwischen dem Abendland und den Kreuzfahrerstaaten auf Jahre hin vergiften sollten.

Ein neues Rittertum

Templer und Johanniter

In der Folge des ersten Kreuzzuges trat eine neue monastische Organisationsform hervor: die Ritterorden. Diese „kämpfenden Mönche" erlangten bald eine entscheidende Rolle bei der Verteidigung der Kreuzfahrergebiete im Orient.

Um 1119 gründete der französische Ritter Hugo von Payens eine kleine Brudergemeinschaft, um die Pilgerstraßen nach Jerusalem zu beschützen. Seine Initiative gewann die Unterstützung König Balduins II. von Jerusalem und Bernhards von Clairvaux. Den Brüdern wurde ein Teil des Tempelbezirks als Hauptquartier übergeben (vgl. S. 42), und bald kämpften die Tempelritter, wie sie nun genannt wurden, in den Heeren der Kreuzfahrerstaaten. Das Hospital des hl. Johannes von Jerusalem war im 11. Jh. als eine wohltätige Einrichtung zur Krankenpflege gegründet worden. Die hier tätigen Johanniter, auch Hospitaliter genannt, begannen um 1130 militärische Aufgaben zu übernehmen.

Man hat behauptet, daß die Ritterorden das muslimische *ribat* nachahmten, d.h. eine Frontfestung, in der die Muslime einen zeitweiligen Waffendienst versahen und zugleich fromm lebten. Doch dem ist nicht so. Die Ritterorden entstammten dem christlichen Hintergrund ihrer Zeit, welche die religiösen und moralischen Verpflichtungen des Rittertums betonte und den Kampf gegen die Feinde der Christenheit als geeigneten Aufgabenbereich einer religiösen Lebensführung betrachtete.

Die Templer und Johanniter hatten ihre Hauptquartiere in Jerusalem. Schnell erwarben sie ausgedehnte Besitzungen im

Abendland und richteten dort Konvente ein, die als Werbungszentren (vgl. S. 91) dienen konnten. Auch übergaben oder verkauften die Herrscher und Adligen der Kreuzfahrerstaaten, denen es an Soldaten und sonstigen Hilfsmitteln mangelte, den Orden Festungen, die der Verteidigung weiter Frontgebiete dienten. Das hierfür frühste Beispiel stellt wahrscheinlich die Mark der Templer in der Amanusregion im nördlichen Antiochia dar, während den Johannitern später ausgedehnte Gebiete – einige in Wirklichkeit in muslimischer Hand – im nördlichen Tripolis und südlichen Antiochia zugeteilt wurden. Die Anzahl der Ritterbrüder war nicht sehr groß. Man sagte, daß 1187 der Hauptkonvent der Templer, der 60 Brüder in Cresson und 230 in Hattin verloren hatte, fast gänzlich vernichtet worden sei. Die Orden benutzten auch Hilfstruppen, unter ihnen die einheimischen Türkopolen.

Der Wohlstand und die Macht der Ritterorden ließ ihre Meister schon vor 1187 zu bedeutenden politischen Gestalten des Königreichs von Jerusalem werden. Obgleich die Orden hauptsächlich von umfassenden militärischen Aufgaben in Anspruch genommen waren, gaben sie dennoch ihre Sorge für die Pilger nicht auf. Im Hl. Land unterhielten die Johanniter ein Hospital in Aqua Bella sowie in Jerusalem. Beide Orden besaßen Befestigungen, die Jaffa, Jerusalem und den Jordan verbanden (vgl. S. 38).

Die Ritterorden in Spanien

Spanien war ein wichtiges Feld von Kreuzzugsaktivitäten. Zur gleichen Zeit, als die Templer und Johanniter ihr Wirken im Osten entfalteten, wurden neue Orden gegründet, um die Westgrenze der Christenheit zu verteidigen.

In Spanien wurden die Johanniter (seit 1108) und die Templer (spätestens seit 1128) weit großzügiger als in anderen Ländern von den christlichen Herrschern mit Schenkungen bedacht. Sie übergaben ihnen Besitzungen im Norden und Burgen im Inneren Spaniens in der Hoffnung, daß sie die Einfallswege gegen muslimische Heere verteidigen würden. Doch den internationalen Ritterorden widerstrebte, zur Verteidigung des Hl. Landes benötigte Mittel umzuleiten, so daß sie nur gelegentlich in Spanien kämpften. Deshalb entschloß man sich in Spanien, eigene Ritterorden in Anlehnung an die Templer zu gründen. Diese wurden gewöhnlich um den Kern bereits existierender Kreuzzugsbruderschaften eingerichtet, wie die von Calatrava (1158) oder von Cáceres, die zum Ritterorden des hl. Jakob (Santiago) wurden (1170).

Diese Orden verbreiteten sich rasch über das christliche Spanien, wo sie die Grenzburgen und Einfallswege bis 1212 verteidigten und das Rückgrat der Heere bildeten, die zwischen 1212 und 1248 den Süden zurückeroberten (vgl. S. 71). Ebenso spielten sie bei der Wiederbesiedlung Zentral- und Südspaniens eine entscheidende Rolle und schützten nach 1248 dieses Gebiet vor Gegenangriffen. Sie kauften Christen aus muslimischer Gefangenschaft frei, unterstützten Pilger und wirkten in weiteren Bereichen der Wohltätigkeit. All diese Aktivitäten finanzierten sie weitgehend aus ihren umfangreichen Besitzungen in Zentral- und Nordspanien.

Zwischen 1158 und 1175 wurden weitere Ritterorden gegründet, doch um 1225 waren sie zumeist in den vier Hauptorden: dem Orden von Calatrava, vom hl. Jakob, den Templern sowie den Johannitern, aufgegangen. Der Orden von Évora (um 1166) wurde dem von Calatrava angegliedert und zu dessen portugiesischem Zweig. Das Hauptquartier wurde nach Aviz verlegt, und der Orden hiernach Orden von Aviz benannt. Der Orden des hl. Julian von Pereiro wurde ebenfalls dem von Calatrava angegliedert und zu dessen Zweig in León. Er nannte sich nach seinen aufeinanderfolgenden neuen Hauptquartieren, Trujillo (1188) und Alcántara. Der Orden von Montegaudio (um 1173) wurde, nach mehreren Hauptquartiers- und Namenswechseln, um 1221 zwischen Calatrava und den Templern aufgeteilt.

Doch die Größe und Stärke der Ritterorden wurde bald als Herausforderung der Königsmacht empfunden, so daß die Orden nach 1288 unter dem Druck des Königs aufgesplittert wurden. Das Muster der Verschmelzung verschiedener Orden wurde durch das der Aufspaltung ersetzt – ein Prozeß, der durch den Sturz des Templerordens 1307 (vgl. S. 125) beschleunigt wurde. Die portugiesischen Kommenden der Templer und des Ordens vom hl. Jakob sowie die der Templer aus Valencia wurden in die unabhängigen Orden Montesa, São Tiago sowie den Christusorden umgewandelt. Auf diese Weise existierten um 1320 nicht weniger als acht Ritterorden in Spanien und Portugal.

Muslimischer Vorstoß und christlicher Widerstand

Die Verteidigung der abendländischen Herrschaft über den Nahen Osten

Nachdem der in den Nahen Osten führende Zweig des zweiten Kreuzzuges gescheitert war, befanden sich die Kreuzfahrer zumeist in der Defensive. Ihre Burgen wurden überlebenswichtig.

Im Norden rückten die Muslime weiter vor, so daß die Christen bis 1170 das Gebiet östlich des Flusses Orontes verloren hatten. Im Süden übernahmen die Kreuzfahrer für kurze Zeit die Initiative. Im Jahr 1153 eroberten sie Askalon und in den sechziger Jahren unternahmen sie ehrgeizige Feldzüge zur Eroberung Ägyptens. Sie belagerten Alexandria, Damiette und dreimal Bilbais, konnten aber dennoch die Vereinigung Ägyptens mit dem muslimischen Syrien nicht verhindern (vgl. S. 56).

Bereits bei ihrer Ankunft hatten die Kreuzfahrer mit dem Bau von Burgen begonnen. Wie auch im Abendland diente die Burg einem Herrn, seiner Familie und seinen Gefolgsleuten als Residenz und als Verwaltungs- und Wirtschaftszentrum. Nun, da die Kreuzfahrer in die Defensive gedrängt waren, traten wichtige militärische Aufgaben hinzu.

Als im späten 19. und frühen 20. Jh. die ersten Versuche unternommen wurden, die Kreuzfahrerburgen wissenschaftlich zu erfassen, schien es, als ob viele Burgen an Verteidigungs- oder Einfallslinien wie Flußtälern oder Brücken postiert seien. Oft lag eine Burg in Sichtweite einer anderen, was, wie man glaubte, dazu diente, sich gegenseitig durch Signale vor dem Anrücken des Feindes zu warnen.

Neuere Untersuchungen halten diese Sicht für voreilig. Ihre militärischen Kategorien entstammen der Zeit vor dem Weltkrieg und tragen zu wenig den Gegebenheiten einer Epoche Rechnung, in der es weder Feuerwaffen noch moderne Kommunikationsmittel gab. Die Burgen des Mittelalters dienten kaum der Blockade von Invasionswegen, und es gibt nur wenige Belege dafür, daß über Signale zwischen ihnen Kontakt bestand. Keinesfalls bildeten sie in ihrer Gesamtheit ein in sich geschlossenes Verteidigungssystem. Die zahllosen Burgen und Türme, die unterschiedslos auf den Karten der Archäologen verzeichnet sind, wurden zu verschiedenen Zeiten von verschiedenen Menschen über einen Zeitraum von fast zwei Jahrhunderten erbaut. Die militärische Bedeutung der Burgen bestand weniger in der Stärke ihrer Mauern als darin, daß die Besatzungen von ihnen aus ins Feld rücken konnten, um dort, unter dem Beistand der Besatzungen benachbarter Burgen, den Feind zu schlagen oder zu vertreiben. Entsprechend stützte sich die Verteidigungsstrategie des Königreichs Jerusalem vornehmlich auf das Feldheer, das vom König oder seinem Konstabler angeführt wurde. Wenige Herren verfügten über die Mittel, welche die Ritterorden aufzubringen vermochten. Als im weiteren Verlauf des Jahrhunderts die Bedrohung zunahm, kam daher den Ritterorden die Verteidigung besonders gefährdeter Gebiete zu. Hier bauten sie die mächtigsten Kreuzfahrerburgen, z.B. Krak des Chevaliers (vgl. S. 106).

Die wiedervereinigte muslimische Welt

Die Welt der Muslime war durch die Ankunft der Kreuzfahrer verändert worden. Im Verlauf des 12. Jh. errichteten starke Führer ein vereinigtes Reich der muslimischen Staaten des Nahen Ostens.

Nachdem die Seldschuken im 11. Jh. das politische Gefüge des Nahen Ostens radikal verändert hatten (vgl. S. 23), wurde durch die Eroberungen ihrer Statthalter im Nordirak die alte Trennung zwischen Ägypten und Syrien erneuert. Das Reich der Großseldschuken hatte seinen Zenit seit langem überschritten. Einzig der von Mosul aus regierende Zweig der Seldschukendynastie war zu effektivem Widerstand gegen die Kreuzfahrer fähig. Offiziell wurde das Gebiet von einem jungen Prinzen regiert, die Regierungsgeschäfte lagen jedoch praktisch in Händen seines *Atabeg*, d.h. Regenten. Imad al-Din Zengi, der 1127 zum *Atabeg* von Mosul ernannt wurde, besetzte im folgenden Jahr Aleppo und leitete hiermit einen Vorstoß ein, der 1144 zur Eroberung der Kreuzfahrerstadt Edessa führte (vgl. S. 30).

Zengi wurde 1146 das Opfer eines Attentats. Sein Sohn Nur al-Din eroberte 1154 Damaskus und wurde vom Kalifen von Bagdad zum ‚König' ausgerufen. Sein nächstes Ziel bestand in der Eroberung Ägyptens, das durch die lange Zeit der Isolierung unter der schiitischen Fatimidendynastie für die Angriffe der Kreuzfahrer verwundbar geworden war, die mehrere Versuche unternommen hatten, in das Land einzufallen (vgl. S. 55). Nur al-Din gewann die Kontrolle über Ägypten, und 1169 wurde sein General Saladin zur Verwaltung des Landes bestimmt.

Im Jahr 1174 starb Nur al-Din. Saladin, ein Kurde aus dem Nordirak, war sein keineswegs unumstrittener Nachfolger. Er verstand es jedoch, Ägypten als Machtbasis zu nutzen, um die Herrschaft über Syrien zu gewinnen. Bevor Saladin die Kreuzfahrerstaaten zerschlagen sollte, eroberte er Damaskus (1174), Aleppo (1183) Mayyafariqin (1185) und erwarb die nominelle Oberherrschaft über Mosul.

Die Position der Christen im Nahen Osten war bereits durch die vernichtende Niederlage der Byzantiner gegen die Seldschuken von Rum bei Myriokephalon geschwächt worden. Nun waren die Kreuzfahrer von einem einheitlichen muslimischen Machtblock umgeben. Saladin nutzte seinen Vorteil aus und eroberte bis zu seinem Tod 1193 den größten Teil Palästinas (vgl. S. 58). Sein Bruder eroberte den Jemen, während ein Heer unter der Leitung eines seiner Mamluken in Nordafrika einfiel. Die Dynastie der Familie Saladins, die Aiyubiden, sollte für das nächste halbe Jahrhundert zur dominierenden Macht im Nahen Osten werden (vgl. S. 108).

Die Eroberungen Saladins

Unter Saladin, ihrem charismatischen Führer, fügten die Muslime dem christlichen Heer bei Hattin eine vernichtende Niederlage zu. In weniger als einem Jahr vertrieben sie die Kreuzfahrer aus Syrien und Palästina.

Am 30. Juni 1187 überquerte Saladin mit etwa 30000 Mann, davon 12000 Mann reguläre Kavallerie, den Jordan. Guido von Lusignan der König von Jerusalem, befehligte das christliche Heer. Obgleich es das größte Heer war, das im Königreich Jerusalem je aufgestellt wurde, zählte es doch nur 20000 Mann, von denen 1200 Ritter waren. Es sammelte sich bei Sephorie, einem günstig gelegenen Ort, der genügend Wasser zur Versorgung der Truppe bot. Um die Christen von ihrem Lager in feindliches Gelände zu locken, befahl Saladin einem Teil seines Heeres den Angriff auf Tiberias. Die Stadt war schnell überrannt, und die Muslime begannen mit der Belagerung der Burg.

Nach hitziger Debatte beschlossen die Führer der Christen den Zug nach Tiberias. Das Heer Guidos brach auf, machte jedoch, da es von muslimischen Bogenschützen angegriffen und in Scharmützel verwickelt wurde, nur geringe Fortschritte. Bald litt das Heer an Durst und Hitze. Am Abend des 3. Juli entschlossen sich die Christen, die nahe Meskenah ihr Lager hatten, auf der Suche nach Wasser in den Norden vorzustoßen. Am folgenden Tag begab sich der Truppenverband auf den Marsch, wobei er gefährlich auseinandergezogen wurde. Bei den Hügeln, die unter dem Namen Qarn Hattin (Hörner von Hattin) bekannt waren, wurde Guidos Heer eingeschlossen.

Nur wenige Ritter konnten unter Raimund von Tripolis entkommen, indem sie die Stellung Taqi al-Dins nach Nordosten durchbrachen. König Guido und der Rest der Truppen ergaben sich Saladin. Das Heer des Königreichs Jerusalem bestand nicht mehr.

Saladins Truppen schwärmten in Galiläa und Samaria aus und eroberten problemlos leichtbefestigte Orte, wie Nazaret. Saladin selbst stieß zur Küste vor und eroberte Akkon und Hafenstädte im Norden, die, da ihre Besatzungen zur Verstärkung von Guidos Heer abgezogen worden waren, eine leichte Beute darstellten. Nach Auskundschaften der Verteidigungsanlagen von Tyrus entschied Saladin sich gegen den Angriff, da er keine Flotte besaß, um die Stadt völlig von der Außenwelt abzuschneiden. Statt dessen nahm er im Süden die Hafenstadt Askalon ein, von wo die Kreuzfahrer zu ihren Schiffsüberfällen nach Ägypten aufgebrochen waren (vgl. S. 30).

Es folgte die Belagerung Jerusalems. Die Stadt ergab sich am 2. Oktober. Für das religiöse Empfinden der Christen war dies ein herber Schlag. In strategischer Hinsicht jedoch war die Bedeutung der Stadt gering. Letztlich trat der militärische Nutzen hinter dem Glanz des Sieges zurück, den Saladin nicht in die völlige Unterwerfung des Landes umsetzen konnte. Im Norden nahm er viele Burgen ein, umging jedoch die großen Städte Tripolis und Antiochia.

Eine zweite Serie von Feldzügen brachte 1188 bedeutendere Gewinne. Erneut ließ Saladin die Verteidigungsanlagen von Tyrus auskundschaften, die noch unüberwindlicher erschienen. Im nachhinein kann die Tatsache, daß Saladin die Einnahme von Tyrus versäumte, als sein größter strategischer Irrtum betrachtet werden. In den folgenden Jahren sollte der dritte Kreuzzug hieraus Nutzen ziehen (vgl. S. 62). Dennoch hatte Saladin großen Erfolg, da es ihm in den zwei Jahren nach Hattin gelang, über 50 Kreuzfahrerburgen und fast das ganze Königreich Jerusalem zu erobern.

Der dritte Kreuzzug (1187–1197)

Der dritte Kreuzzug

Saladins Angriff wurde mit dem dritten Kreuzzug beantwortet. Dem Heer der Christen gelang es, den größten Teil der Küstenebene Palästinas zurückzuerobern.

Die Nachricht von der vernichtenden Niederlage der Christen bei Hattin und dem Verlust Jerusalems am 2. Oktober 1187 (vgl. S. 58) rief im Abendland heftige Reaktionen hervor. Papst Urban III. starb vor Entsetzen über die Nachricht. Gregor VIII., sein Nachfolger, rief am 29. Oktober erneut zu den Waffen („Audita tremendi"). Im November nahm Richard von Poitou, der spätere englische König Richard I., als erster Herrscher nördlich der Alpen das Kreuz. Im Frühjahr des nächsten Jahres folgten Heinrich II. von England, Philipp II. von Frankreich und Kaiser Friedrich I. Barbarossa. Zur selben Zeit unterstützte die Flotte Wilhelms II. von Sizilien die verbliebenen christlichen Vorposten in Antiochia, Tripolis und Tyrus.

Während mörderische Fehden und der Tod Heinrichs II. die Abreise der Könige von Frankreich und England bis 1190 verschoben, waren im Mai 1189 Flotten aus Nordeuropa, Flandern und England aufgebrochen, die auf ihrem Weg Silves zurückeroberten (vgl. S. 71). Eine Flotte aus Pisa erreichte im Sommer 1189 die Küste Palästinas. Im Mai 1189 brach Kaiser Barbarossa an der Spitze eines gewaltigen Heeres von Regensburg aus ins Hl. Land auf.

In Syrien sollten die Kreuzfahrer auf eine schwierige Situation treffen: Die verbliebenen Siedler waren zwischen Guido von Lusignan, dem König von Jerusalem, der bei Hattin geschlagen worden war, und Konrad von Montferrat gespalten, der 1187 in Tyrus angekommen war und die Stadt vor Saladin gerettet hatte. Im August 1188 begann Guido mit einem kleinen Heer die Belagerung Akkons, während die abendländischen Armeen und Flotten ebenfalls Richtung auf Akkon nahmen. Das Kreuzfahrerheer umfaßte Truppen aus Köln (1189) sowie die Truppen Heinrichs von der Champagne, Ludwigs von Thüringen (1190) und Leopolds von Österreich (1191). Am 10. Juni 1190 ertrank Kaiser Friedrich Barbarossa im Fluß Göksu (Saleph). Das machtvolle Heer der Deutschen, das erfolgreich durch Zentraleuropa nach Kleinasien gezogen war, zerfiel.

Im Juli 1190 brachen die Könige von Frankreich und England von Vézelay aus gemeinsam auf. Richard sandte eine Vorhut unter dem Erzbischof von Canterbury nach Akkon. Die Könige verbrachten einen Winter voll bitterer persönlicher und politischer Auseinandersetzungen auf Sizilien. Im März 1191 segelte Philipp direkt nach Akkon. Richard landete auf Zypern und entriß die Insel ihrem byzantinischen Herrscher Isaak Komnenos. Von hier aus setzte er nach Akkon über, um für 16 Monate in Palästina zu bleiben.

Die Rückeroberung der Küste

In der Zeit zwischen dem dritten Kreuzzug und dem Kreuzzug der Deutschen wurden die meisten Küstenhäfen zurückerobert, so daß die für die Siedler lebenswichtige Verbindung mit dem Westen sichergestellt war.

Sobald Akkon im Juli 1191 an die Kreuzfahrer gefallen war, kehrte Philipp II. ins Abendland zurück. Drei Wochen später (22. August) brach Richard mit seinen Truppen in den Süden auf. Nichts macht seine Qualitäten als Feldherr deutlicher als dieser Zug und die folgende Schlacht. Während des gesamten Marsches wurde das christliche Heer fast ständig von den

Truppen Saladins attackiert. Richard ordnete seine Reiter in Abteilungen, welche die Hauptstandarte in ihrer Mitte hielten. Eine äußere Verteidigungslinie wurde von der einen Hälfte der Infanterie gebildet, während die andere mit Gepäckstücken zwischen Rittern und Küste marschierte. Eine Flotte folgte der Truppe und sorgte für Nachschub. Nachdem das Heer den Wald von Arsuf durchquert hatte, rastete es für zwei Tage an den Ufern des Flusses Rochetaillée (al-Faliq). Dann zog es auf eine Hochebene nördlich von Arsuf. Am 7. September wurden die Christen von den leichten Reitern Saladins angegriffen, deren Pfeile viele Pferde töteten. Richard bereitete einen Umfassungsangriff vor, doch die Ungeduld einiger Ritter aus den hinteren Reihen ließ nur einen Frontalangriff zu. Nach einem schwachen Gegenangriff wurden die Muslime durch die entscheidende Attacke der Christen in die Flucht geschlagen.

Richard erreichte sein erstes Operationsziel Jaffa, am 10. September. Das nächste Jahr hielt er sich in Südpalästina auf und versuchte zweimal (Dezember 1191 und Juni 1192) nach Jerusalem vorzustoßen, was ihm bis auf wenige Kilometer gelang. Während dieser Periode ließ er Askalon wiederaufbauen, um auf diese Weise das südliche Vorfeld eines erneuerten Königreichs von Jerusalem zu sichern. Nachdem er Saladins Versuch der Rückeroberung Jaffas (August 1192) zurückgeschlagen hatte, wurde am 2. September ein Vertrag geschlossen. Dieser beinhaltete die Verpflichtung der Christen zur Zerstörung der Verteidigungsanlagen Askalons, während ihnen zugleich die Kontrolle über das Küstengebiet zwischen Akkon und Jaffa und der freie Zugang zum Hl. Grab in Jerusalem zugesichert wurde. Am 9. Oktober 1192 brach Richard in die Heimat auf.

Während dieser drei Jahre wurde von Kaiser Heinrich VI., dem Sohn Friedrich Barbarossas ein weiterer Kreuzzug organisiert. Im September 1197 landete ein starkes deutsches Kreuzfahrerheer in Palästina und besetzte Sidon und Beirut. Als die Kreuzfahrer jedoch vom Tod des Kaisers erfuhren, der, bevor er ins Hl. Land übersetzen konnte, am 28. September 1197 in Messina gestorben war, löste sich das Heer auf.

TEIL 2
DIE VERTEIDIGUNG DER CHRISTENHEIT

Deutsche Kreuzfahrer befanden sich noch im Orient, als das Pontifikat des Papstes Innozenz III. (1198 bis 1216) begann. Er war ein kraftvoller Mann mit rascher Auffassungsgabe, hochgebildet in Theologie und Recht. Seiner Stellung als Papst maß er eine hohe Bedeutung bei. Er neigte zu schnellen Urteilen, die oft umstritten waren. Für seine offenen Meinungsäußerungen war er bekannt, und sein Urteil konnte vernichtend sein. Herzog Leopold VI. von Österreich investierte große Mengen an Energie und Geld in Kreuzfahrten, nahm am dritten und fünften Kreuzzug in den Orient sowie an Kreuzzügen nach Spanien und in das Languedoc teil; man könnte annehmen, daß er Dank und Lob verdient hätte. Innozenz jedoch wies ihn harsch auf den ihm zukommenden Rang zurück:

„Viel mehr Verdienst wohnt dem Galgen des Kreuzes Christi inne als deinem kleinen Kreuzzeichen ... Dein Kreuz ist sanft und milde, er aber erlitt das bittere und harte Kreuz. Du trägst es auf deiner Kleidung, er erlitt es an lebendigem Leib. Du nähst das deine mit leinenen und seidenen Faden an. Er hingegen wurde mit harten Eisennägeln ans Kreuz geschlagen."

Trotz seiner scharfen Zunge war Innozenz ein tief religiös empfindender Mann mit einer leidenschaftlichen Bindung an den Kreuzzugsgedanken. Er predigte drei Kreuzzüge in den Orient, rief einen Kreuzzug in Sizilien gegen Markward von Anweiler, einen Vertreter des Kaisers, aus. Weiter autorisierte er einen Kreuzzug ins Baltikum nach Livland, einen gegen die häretischen Katharer in Südwestfrankreich und einen nach Spanien. In jedem Jahr seines Pontifikats wurden irgendwo Kreuzzüge geführt, und noch in den Wochen vor seinem Tod predigte er eifrig das Kreuz. Zum ersten Mal steht uns die Kreuzzugsbewegung in ihrem vollen Umfang vor Augen: Kreuzzüge gegen Muslime, andere Nichtchristen, gegen Häretiker und gegen die christlichen Feinde der Kirche.

Innozenz organisierte die Kreuzpredigt völlig neu und schuf ausgeklügelte Finanzierungsformen. In der richtigen Annahme, daß es die Ausgaben für eine Kreuzfahrt waren, die viele abhielt, setzte er eine umfassende Besteuerung des Klerus zur Unterstützung der Kreuzfahrer mit Bargeld ein. Ebenso versuchte er zwei Kreuzzüge (gegen die Katharer und in Spanien) zugunsten eines weiteren Kreuzzugs in den Orient zu unterbinden. Mit der Einberufung eines großen allgemeinen Konzils wollte er die Probleme des Kreuzzugs und der Kirchenreform bewältigen. Denn die Zeitgenossen waren der Überzeugung, daß beide Problemkreise eng miteinander verbunden sind: Ein Erfolg der Kreuzzüge könne allein aus einer geläuterten Christenheit hervorgehen. Europa wurde von päpstlichen Briefen überzogen, und seine Legaten und Prediger erhielten detaillierte Verhaltensmaßregeln und Anweisungen. Die Vertrautheit des Papstes mit Rechtsangelegenheiten zeichnete nicht zuletzt für die deutlich klareren Formulierungen der Kreuzzugsprivilegien verantwortlich.

Offenkundig war die Kreuzzugspolitik Innozenz' bei weitem zu ehrgeizig. Über den vierten Kreuzzug, der nach Konstantinopel umgeleitet wurde, verlor er gänzlich die Kontrolle. Seine ausgeklügelten Anweisungen zur Kreuzpredigt waren zu schematisch und wurden von seinen Nachfolgern verworfen. Die Besteuerung der Kirche für die Kreuzzüge konnte, obgleich sie einen wichtigen Präzedenzfall schuf, zu leicht umgangen werden: Die erste Steuer wurde 1199 eingeführt. Um 1208 war sie in Teilen Italiens immer noch nicht erhoben, und in England wurden einige Steuergelder erst 1217 eingezogen. Im Languedoc führte man, entgegen seinem Wunsch, den Katharerkreuzzug fort. Vielleicht verlängerte er sogar durch seinen in einer entscheidenden Phase unternommenen Versuch, diesen Kreuzzug zu unterbinden, die Leiden im Südwesten Frankreichs um ein Jahrzehnt. Das von ihm einberufene allgemeine Konzil verordnete bedeutende Reformen, die von den Bischöfen aber nicht durchgesetzt wurden. Dieser Katalog seiner Mißerfolge erweckt den Eindruck, daß Innozenz die Kräfte des Abendlandes überbeanspruchte. Zugleich wird deutlich, daß auch er von einer allgemeinen Welle der Kreuzzugsbegeisterung getragen wurde, die in solch befremdliche Erscheinungen wie den Kinderkreuzzug von 1212 führte.

Im 13. Jahrhundert waren Kreuzzüge in der Tat zu einer festen Einrichtung geworden. Die Geschwindigkeit, mit der sie seit dem Pontifikat Innozenz' aufeinanderfolgten, setzte sich fast unvermindert fort. Wie viele Tausende Adlige, Ritter, Handwerker und Bauern das Kreuz genommen haben, kann nicht einmal geschätzt werden. Überall fanden entsprechende Prozessionen und Gottesdienste statt, besondere Gebete wurden in die heilige Messe aufgenommen. Es wurden Steuern für Kreuzzüge bezahlt und Almosen in die zu diesem Zwecke in den Kirchen aufgestellten Behälter gegeben. Man ermunterte zu Schenkungen in Testamenten und betrieb die Praxis der Losbindung von Gelübden: Wenn zum Kampf ungeeignete Personen Gelübde ablegten, konnten sie durch Zahlungen von ihnen entbunden werden. Verstärkt wurde die Anziehungskraft der Kreuzzugsidee durch die Beschäftigung mit der Geschichte und den Mythen sowie durch das Interesse an epischer Ritterdichtung und volkstümlichen Liedern. Es dürfte kaum jemanden im katholischen Europa gegeben haben, der nicht auf die eine oder andere Weise mit der Kreuzzugsbewegung in Berührung kam. Sie stellte in der Tat eine ernst zu nehmende Form der Volksfrömmigkeit dar.

Obgleich sich die Techniken und die Technologie der Kriegsführung entwickelt hatten, blieben Kreuzzüge in ihrem Kern unverändert. Noch immer waren sie gefährliche und mühsame Unternehmungen zum Zwecke der Buße. Sie blieben enorm kostspielig, selbst wenn sie vom Papst- oder Königtum finanziell unterstützt wurden. Immer noch brachen Kreuzfahrer, nachdem sie ihre Angelegenheiten geordnet und die

Heiligtümer in der Heimat aufgesucht hatten, im von Demut zeugenden Gewand des Pilgers auf. Oft war das Unternehmen mit einer Überfahrt zur See verbunden, der viele Kreuzfahrer mit Schrecken entgegensahen.

Während im ersten Zeitalter der Kreuzzüge Familienbande zur gemeinschaftlichen Kreuznahme führten, erfolgte diese im 13. Jh. zumeist über die lokalen Bande von Schutz und Herrschaft. Familien waren jedoch weiterhin für die Weitergabe von Traditionen bedeutsam. So waren sowohl der Engländer Wilhelm Peverel, der 1240 zusammen mit Graf Richard von Cornwall, dem Bruder des englischen Königs Heinrich III., in den Orient zog, als auch der französische König Ludwig IX., der 1244 das Kreuz nahm, wie viele andere Kreuzfahrer von familiären Verpflichtungen beeinflußt, die bis in die Zeit des ersten Kreuzzuges zurückreichten. Familienbande leiteten auch jene Begeisterung für ritterliches Gepränge weiter, die im 14. Jh. so bestimmend werden sollte. Diese Begeisterung findet z.B. im Bericht Roberts von Clari ihren Niederschlag, der in Venedig Zeuge der aufsehenerregenden Abreise des vierten Kreuzzuges wurde:

„Wenigstens hundert Paare von Silber- und Blechtrompeten, die das Signal zur Abfahrt gaben, und viele Trommeln, Tamburine und andere Instrumente waren zu sehen, so daß es ein wunderbarer Anblick war. Als die Schiffe auf See, die Segel gesetzt und die Banner und Flaggen hoch auf den Schiffsmasten gehißt waren, schien es, als ob die See selbst vor Furcht erschauderte und in Flammen stand."

Siebenundvierzig Jahre später beobachtete Johannes von Joinville die Ankunft des Grafen von Jaffa in Ägypten:

„Seine Galeere war von innen und außen mit seinem Wappen bemalt … Er hatte gut 300 Ruderer auf seiner Galeere. Ein jeder von ihnen trug ein Schild mit den Waffen des Grafen und einen Wimpel mit dessen goldgewirktem Wappen … Es schien, als ob die ganze Galeere im Wind wehte … und der Lärm der flatternden Fahnen, der Trommeln und Sarazenenhörner an Bord des Schiffes wirkte, als ob ein Donner vom Himmel gefallen sei."

Natürlich brachte die Zeit auch Veränderungen mit sich, die beim Vergleich zwischen Innozenz III. und einem seiner nicht minder eifrigen Nachfolger, Papst Gregor X., zutage treten. Gregor, der im Jahr 1271, 55 Jahre nach Innozenz' Tod, den Papstthron bestieg, hielt sich zum Zeitpunkt seiner Wahl als Kreuzfahrer im Orient auf. Die Kardinäle hofften, daß er alles ihm Mögliche zur Rettung des Hl. Landes tun werde. In der Tat widmete er sich energisch dieser Aufgabe und berief ein weiteres allgemeines Konzil ein. Wie unter Innozenz verfolgte das Konzil den Zweck, die Christenheit zu reformieren und einen neuen Kreuzzug zu organisieren, den Gregor selbst zu leiten gedachte. Er forderte schriftliche Berichte des Klerus an, veröffentlichte die umfassendste Kreuzzugsverordnung seit dem Pontifikat Innozenz', betrieb mit Nachdruck die Union der griechischen und lateinischen Kirchen, erhob eine neue, allgemeine Steuer und unterteilte die Christenheit in Einnahmebezirke mit dem Ziel, gewaltige Finanzmittel zu erschließen. Am 2. Februar 1277 beabsichtigte Gregor, einen neuen Kaiser zu krönen. Zwei Monate später sollten beide ein großes Heer in den Orient anführen. Wahrscheinlich bestand der Plan, entlang der Strecke des ersten Kreuzzuges zu ziehen und auf diesem Weg Kleinasien zurückzuerobern. Aber am 10. Januar 1276, ein Jahr bevor sich der Kreuzzug hätte sammeln sollen, starb Gregor und mit ihm sein ehrgeiziger Plan. Während der letzte von Innozenz geplante Kreuzzug von seinen Nachfolgern verwirklicht wurde, löste sich Gregors Plan in nichts auf, und die hohen Geldbeträge, die er zu diesem Zweck gesammelt hatte, versickerten in Italien.

Dieses Fiasko wird gemeinhin mit dem Niedergang der Kreuzzugsbewegung erklärt: Die Kreuzzugskritik hätte zugenommen durch den Mißbrauch der Bewegung für die eigennützigen Zwecke einzelner und des Papsttums; die Besteuerung der Kirche hätte allgemeinen Unwillen erregt; vor allem anderen jedoch hätten zwei Jahrhunderte voller Niederlagen die Christenheit demoralisiert. Doch fast jede dieser Aussagen kann angezweifelt werden. Die Kritik an den Kreuzzügen nahm nicht zu, sondern blieb auf relativ niedrigem Niveau stabil. Sie stellte zumeist nicht die Kreuzzugsidee selbst in Zweifel, sondern machte entweder Gruppeninteressen geltend oder argumentierte gegen bestimmte Inhalte der Kreuzzugsideologie. Eine Niederlage in Gottes eigenem Unternehmen war undenkbar. Allein das Unvermögen der Werkzeuge des göttlichen Planes konnte als Begründung dienen, so daß die Unwürdigkeit der Kreuzfahrer für die Rückschläge verantwortlich gemacht wurde. Die Steuern waren unpopulär – doch wann waren das Steuern nicht? Die Feldzüge an andere Kriegsschauplätze wurden nur selten als Entartung eines ursprünglichen Ideals betrachtet. Wie hätte dies auch sein können, da doch eine der Alternativen, die Kreuzzüge in Spanien, auf den Begründer der Bewegung, Papst Urban II., zurückging? Die maßgebliche Rechtfertigung der Gewaltanwendung gegen Häretiker oder Feinde der Kirche war weit älter als die Kreuzzugsbewegung. Als den modernen Historikern das Ausmaß der im 14. und 15. Jh. anhaltenden Kreuzzugsbegeisterung bewußt wurde, war die These von der demoralisierten Christenheit des späten 13. Jh. nicht mehr aufrechtzuerhalten. Vielmehr belegen die Ereignisse nach der Niederlage von Hattin im Jahr 1187 – die sich nach dem Verlust der letzten Brückenköpfe in Palästina im Jahr 1291 wiederholen sollten –, daß Rückschläge der Kreuzzugsbewegung eher Auftrieb gaben, und die Berichte von Katastrophen und Greueltaten die Begeisterung erneut anfeuerten.

Wie aber sind nun der Mißerfolg von Gregors Plan und die Tatsache zu erklären, daß es nie mehr gelingen sollte, ein wirklich bedeutendes internationales Heer zu sammeln? Als erster Grund ist zu nennen, daß die entstehenden Nationalstaaten nicht in der Lage waren, die enormen Kosten der Kriegsführung aufzubringen, so daß Kreuzzüge im alten Stil nicht mehr verwirklicht werden konnten. Bereits um 1190 war es schwierig genug gewesen, die für den dritten Kreuzzug notwendigen Bündnisse zustande zu bringen. Dasselbe gilt für die späten vierziger Jahre des 13. Jh., in denen ganz Europa mit der Spal-

Ein Kreuzritter beim Gebet.
Aus einem englischen Psalterium des 13. Jahrhunderts.

tung zwischen Papst und Kaiser beschäftigt war, so daß der erste Kreuzzug Ludwigs IX. zur weitgehend französischen Angelegenheit wurde. Zweitens ist zu bedenken, daß um 1270 an großen Kreuzzügen kein Bedarf bestand. Die Christen im Orient benötigten für die von ihnen besetzten Gebiete den stetigen Zustrom an Menschen und nicht die unregelmäßige Ankunft großer Heere, die, nachdem sie die Muslime gründlich in Aufruhr versetzt hatten, wieder heimkehrten und die Verteidiger des Landes ihrem Schicksal überließen. Zur selben Zeit, als Papst Gregor sein ehrgeiziges Kreuzzugsprojekt betrieb, befaßte er sich mit einem weiteren Plan, wonach Karl von Anjou (der jüngere Bruder Ludwigs IX., der Süditalien und Sizilien in einem Kreuzzug erobert und die Oberherrschaft über das lateinische Griechenland errichtet hatte und weiter im Begriff stand, das Nachfolgerecht auf den Thron des Königreichs Jerusalem käuflich zu erwerben) ein Reich im östlichen Mittelmeerraum einschließlich des Hl. Landes errichten sollte, so daß dessen Verteidigung gesichert war. Wie bereits zuvor der päpstlich-kaiserliche Kreuzzug, so zerschlug sich auch dieser Plan. Tatsache ist, daß der ungeheure Erfolg von 1099 sowie die Überzeugung, daß Kreuzzüge dem göttlichen Willen entsprechen, den Glauben an die Möglichkeit eines erfolgreichen Feldzuges in den Orient stärkten. Dies war sicherlich eine Illusion, denn ein solcher Kreuzzug hätte mehr an Ressourcen, Logistik und Planung bedürft, als das Abendland jemals bereitstellen konnte. Daher waren es nur die begrenzten Kreuzzüge an den übrigen Fronten der Christenheit, die siegreich verliefen.

Christliche Ausbreitung in Europa

Erfolge in Spanien und Portugal

Der als Heiliger Krieg in Spanien geführte Kampf gegen die Mauren wurde von der Kreuzzugsidee bestärkt. Gegen Ende des 13. Jh. war allein Granada noch in muslimischer Hand.

Nach 1140 war sowohl das christliche als auch das muslimische Spanien von einem tiefgreifender Wandel in der politischen Struktur gekennzeichnet. Die Almoravidendynastie wurde gestürzt. An ihre Stelle trat die Herrschaft der Almohadensekte aus Nordafrika (vgl. S. 28). Das Königreich von León teilte sich in die Königreiche Portugal, Kastilien und León auf. Ein jedes dieser Reiche suchte entlang der großen römischen Straßen, wie z. B. der von León nach Sevilla führenden Camino de la Plata, nach Süden zu expandieren, was sie zwangsläufig in Konflikt mit den Almohaden brachte.

Obgleich die Reconquista nun als Kreuzzug anerkannt wurde (vgl. S. 47), erhielten die spanischen Christen von außerhalb nur geringe Hilfe. Dennoch breiteten sich Kreuzzugsvorstellungen und -methoden aus, während die Verteidigung der Grenzen von den Ritterorden übernommen wurde (vgl. S. 55).

Im Jahr 1177 wurde Cuenca durch Alfons VIII. von Kastilien erobert, der südwestlich nach Plasencia und Trujillo weiter vorstieß. Der Niederlage in Alarcos (1195) gegen die Truppen des Kalifen folgte im Jahr 1212 der Sieg in Las Navas de Tolosa, bei dem die vereinten Heere Kastiliens, Navarras und Aragóns sowie einige Kreuzfahrer unter der Führung Alfons' VIII. den entscheidenden Sieg der Reconquista erfochten.

Nach 1224 überzogen die von Rassenhaß und religiösem Fanatismus verstärkten Wirren eines dynastischen Nachfolgekrieges das Reich der Almohaden. So war es den Christen mit päpstlicher Hilfe möglich, fast ganz Südspanien zu erobern. Alfons IX. von León nahm im Jahr 1229 Cáceres, im Jahr 1230 Badajoz ein. Ferdinand III., sein Sohn, war seit 1217 König von Kastilien. Als er im Jahr 1230 León erbte, eroberten die vereinten Streitkräfte der beiden Königreiche das gesamte Guadalquivirtal. Sein Sohn, Alfons X., beseitigte die Emirate von Murcia und Niebla, so daß allein Granada unter muslimischer Herrschaft blieb; er vertrieb alle Muslime aus dem kastilischen Teil Andalusien und ersetzte sie durch Tausende christlicher Siedler. In Portugal waren die Halbinsel Palmela und Alcacer bis 1217 durch die Ritterorden und rheinische Kreuzfahrer eingenommen worden. Die Eroberungen König Sanchos VII., die er größtenteils den Ritterorden zum Betreiben von Viehzucht überließ, umfaßten bis 1248 auch die Algarve.

Inzwischen hatte Jakob I., „der Eroberer", die Balearischen Inseln (1229–1235) sowie die Stadt und das Königreich Valencia

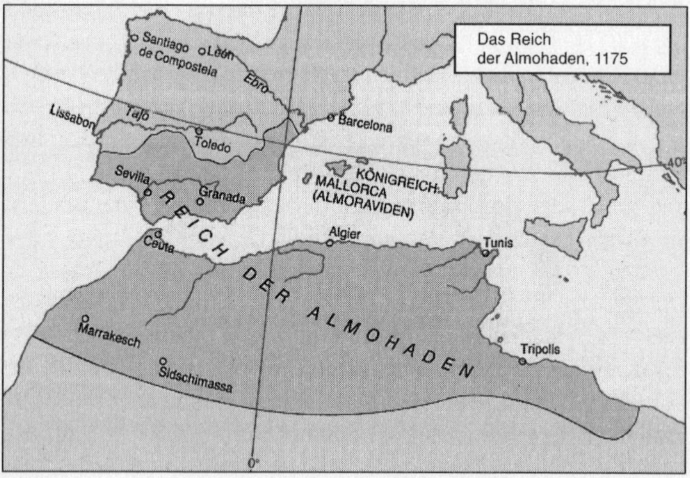

eingenommen. Er vertrieb die Muslime aus den Städten auf das Land und minderte ihre Rechte auf einen Status, der der Leibeigenschaft unter der neuen, landbesitzenden Aristokratie von Aragón und Katalonien nahekam.

Die Kreuzzüge ins Baltikum

Noch im 13. Jh. lebten Heiden in ausgedehnten Gebieten an den nördlichen Rändern Europas. Ihre Unterwerfung war eines der mit den Kreuzzügen verbundenen Ziele.

Die Eroberung der baltischen Länder durch Kreuzfahrer begann in den neunziger Jahren des 12. Jh., als die Päpste Cölestin III. und Innozenz III. Bemühungen zur Festigung und Ausdehnung der Missionskirche unterstützten, die bei den Liven im unteren Bereich des Flusses Dwina gegründet worden war. Um 1230 war Livland (ungefähr das moderne Lettland) von Bischof Albert von Riga und einem kleinen Ritterorden, den Schwertbrüdern, erobert worden. Zwischenzeitlich war im Jahr 1220 Nordestland von den Dänen eingenommen worden, die die Küste Pommerns von Lübeck bis Danzig, Finnland und Ösel angegriffen hatten. Im Norden standen die Schweden im Begriff, mehrere Feldzüge gegen Finnland zu führen, wo sie mit den Russen zusammenstießen.

Zwischen Livland und dem christlichen deutschen Reich verblieb ein breiter Gürtel heidnischen Gebietes. Wiederum mit Hilfe eines kleinen Ritterordens, den Rittern von Dobrin, versuchte ein weiterer Missionsbischof, die heidnischen Preußen zu bekehren. Der Versuch mißlang, so daß Herzog Konrad von Masowien, dessen Länder von den Preußen bedroht wurden, die Deutschherren zu Hilfe rief. Dieser Ritterorden hatte sich von seinen bescheidenen Ursprüngen im späten 12. Jh. zu einer machtvollen Organisation in ganz Europa entwickelt. Das europäische Engagement begann, als der ungarische König dem Orden, obgleich dessen Hauptquartier weiterhin in Palästina lag (vgl. S. 106), einen Abschnitt des Frontgebietes in Transsilvanien übergab. Die Ritter wurden allerdings wieder vertrieben, da sie versucht hatten, „einen Staat im Staate“ zu gründen.

Rasch vereinnahmten die Deutschherren in Preußen den Orden von Dobrin und begannen, unter Mißachtung der Rechte Herzog Konrads und der bestehenden Missionskirche, ihren eigenen Staat auszubilden. Auch ging der Orden der Schwertbrüder, nachdem er 1236 eine Niederlage gegen die heidnischen Litauer erlitten hatte, im Deutschen Orden auf. 1226 erlangte dessen Hochmeister, Hermann von Salza, von Friedrich II. den Status eines Reichsfürsten für alle zukünftigen Eroberungen in Preußen. 1234 nahm Papst Gregor X. das Gebiet der Ritter als päpstliches Lehen unter seinen Schutz. Die Sorge um die Kampfkraft der Deutschherren angesichts der mongolischen Bedrohung an der osteuropäischen Front in den frühen vierziger Jahren des 13. Jh. (vgl. S. 111) bewirkte vermutlich das außergewöhnliche Privileg, das ihnen 1245 zugestanden wurde. Dem Orden wurde erlaubt, vollen Kreuzzugsablaß denjenigen Deutschen zu gewähren, die ihn im Kampf gegen die Preußen, ohne zuvor eine besondere Erlaubnis des Papstes erhalten zu haben, unterstützten. Um 1250 hatten die Ritter des Deutschen Ordens einen unabhängigen Staat errichtet und konnten einen dauernden Kreuzzug zu dessen Unterstützung führen.

Nach der Rebellion der Preußen in den Jahren 1242 und 1260 mußte der Orden eine Niederlage gegen die Litauer in Durben hinnehmen, auf die lange Rückeroberungskriege folgten. Ein Vorstoß gegen Pleskau scheiterte, und die Ritter wurden von Fürst Alexander Newsky in der Schlacht am Peipussee (5. April 1242) vernichtend geschlagen. Stets hatte der Orden mit der Macht und Widerstandskraft der nachfolgenden litauischen Herrscher zu ringen.

In Preußen waren die Fortschritte der Deutschherren unaufhaltsam. Ihre Strategie bestand in der Verbindung von Waffengewalt und der Zusicherung, die Rechte und den sozialen Status derjenigen zu erhalten, die sich zum Christentum bekehrten. Ihren Machtbereich sicherten sie durch die Anwerbung von Siedlern aus dem Norden und Osten Zentraleuropas, denen großzügige Bedingungen gewährt wurden. Deutsche Siedlungen in Westpreußen waren relativ zahlreich, in weiter östlich liegenden Gebieten seltener und einer dünnen Oberschicht vorbehalten. Im Jahre 1309 verlegte der Orden sein Hauptquartier nach Marienburg (vgl. S. 129), das bis zum Verlust der Stadt im Jahre 1291 in Akkon und zeitweilig in Venedig seinen Sitz hatte. Durch diese Verlegung erkannte der Orden stillschweigend seine wahre Machtgrundlage und die veränderten Verhältnisse an.

Kreuzzüge als Herrschaftsinstrument

Die Kreuzzüge gegen die Katharer

Im Krieg gegen die häretische Sekte der Katharer wurde die Kreuzzugsidee zur Durchsetzung der Rechtgläubigkeit innerhalb der Christenheit benutzt.

Die Glaubensinhalte der Katharer waren kaum noch als christlich zu bezeichnen. Sie glaubten an zwei Götter: den guten Gott der geistigen Welt und den satanischen Gott, der die materielle Welt erschaffen hatte, die die Seelen gefangenhielt. Zur Befreiung ihrer Seelen entsagten die Katharer gänzlich der Welt. Sie aßen weder Fleisch noch Eier, tranken keine Milch und enthielten sich sexueller Beziehungen. Sie lehnten die Trinität und die Institution der Kirche ab.

Um 1200 war die Sekte in den entlegenen, gebirgigen Regionen des Südwestens Frankreichs so weit verbreitet, daß der Papst ernstlich alarmiert war. Viele Katharer entstammten vornehmen Familien, und viele hohe Kirchenfürsten der Gegend hatten Katharer zu Verwandten. Im Januar 1208 wurde ein päpstlicher Legat durch einen Vasallen des Grafen Raimund VI. von Toulouse ermordet. Nun rief Innozenz III. einen Kreuzzug gegen die Häretiker aus, und bereits im Frühjahr 1209 hatte sich ein großes Heer in Lyon versammelt. Raimund fand rasch zu einer Einigung mit der Kirche, so daß sich die Kreuzfahrer auf den Einfall in das Land seines Vasallen, Raimund Roger von Trencavel, Vizegraf von Carcassonne und Béziers, beschränken mußten. Im Juli wurde Béziers geplündert. 15 000 Einwohner der Stadt, sowohl Katharer als auch

Katholiken, wurden niedergemetzelt. Carcassonne ergab sich im August.

Simon von Montfort, einem Baron aus dem Norden Frankreichs, wurde die Herrschaft über die Ländereien des Vizegrafen übertragen. Im Laufe der nächsten zwei Jahre nahm Simon diejenigen Burgen und Dörfer der Gegend ein, deren Bewohner immer noch Widerstand leisteten. Die Weigerung des Grafen Raimund VI. von Toulouse, bei der Ausrottung der Katharer behilflich zu sein, bot Simon von Montfort die willkommene Gelegenheit, in die Grafschaft einzufallen. Er versuchte die Stadt Toulouse einzukreisen, aber nach den Feldzügen kehrten viele Ritter heim und überließen die eroberten Burgen wiederum Graf Raimund.

Im Sommer 1213 griff König Peter II. von Aragón in das Geschehen ein. Obgleich Peter ein gläubiger Katholik war, empfand er seine Interessen in der Region durch Simons von Montfort wachsende Machtposition bedroht. Im September 1213 trafen das Heer Simons und der Kreuzfahrer in Muret auf die vereinigten Heere von Toulouse und Aragón und fügten ihnen eine vernichtende Niederlage zu. König Peter fand in der Schlacht den Tod. Graf Raimund mußte fliehen, während Simon die brutale Unterdrückung der Katharer im Quercy fortsetzte.

Raimund und sein Sohn – der spätere Raimund VII. – kehrten 1216 aus dem Exil zurück. Simon versuchte ihnen Toulouse zu entreißen, fand aber im Juni 1218 durch einen von den Stadtmauern geschleuderten Stein den Tod. Der Graf konnte auch durch einen 1219 von Prinz Ludwig, dem Erben des französischen Thrones, unternommenen Feldzug nicht an der Rückeroberung seiner Ländereien gehindert werden. Erst 1226 vermochte Ludwig, nun als französischer König, die Region zu unterwerfen. Er ließ seinen Statthalter Humbert von Beaujeu zurück, um die Grafschaft zu verheeren, und zwang im Jahr 1229 Graf Raimund VII. zur Bitte um Frieden. Die Folgezeit prägten die langsame Auszehrung der Katharer durch die Inquisition, die Ansiedlung von Fremden sowie die Absetzung der häretischen Herren.

Kreuzzüge in Italien

Häretiker waren nicht die einzigen inneren Feinde der Christenheit, die zum Ziel von Kreuzzügen wurden. Während des 13. und 14. Jh. richteten sich insbesondere in Italien Kreuzzüge auch gegen die politischen Widersacher des Papsttums.

Die Päpste waren zu weltlichen Herrschern über ein Gebiet geworden, das sich wie ein Band über die Mitte der italienischen Halbinsel erstreckte. Im Norden lagen verstreut die autonomen Städte der Lombardei und Toskana, im Süden hielt das Königreich Sizilien, das sowohl Süditalien als auch die Insel selbst umfaßte, die Vormachtstellung inne. Dieses Königreich wurde von Friedrich II., dem Kaiser des Römischen Reiches, regiert. Die Streitigkeiten zwischen ihm und dem Papsttum gingen so weit, daß er 1229, als er Jerusalem von den Muslimen zurückgewann (vgl. S. 100), exkommuniziert war.

Ganz Italien war in Anhänger des Papstes (Guelfen) und Kaisertreue (Ghibellinen) gespalten. Zwischen 1198 und 1268 predigten die Päpste eine große Anzahl von Kreuzzügen gegen ihre inneren Feinde in Italien. Nach 1239 hatten sie zum Ziel, Friedrich, seine Söhne Konrad und Manfred sowie seinen Enkel Konradin aus Sizilien zu vertreiben. Das ehrgeizigste und zugleich erfolgreichste Unternehmen dieser Art war die Invasion in das Königreich (1265–1266) durch Karl von Anjou, den Bruder König Ludwigs IX. von Frankreich (vgl. S. 95). Karls Siege 1266 in Benevent über Manfred und 1268 in Tagliacozzo über Konradin begründeten die Vorherrschaft der französischen Anjou-Dynastie in Italien.

Im Jahr 1282 rebellierte die Bevölkerung Siziliens und nahm Mitglieder des Königshauses von Aragón als Herrscher an. Für das Haus Aragón stellte dies einen wichtigen Schritt innerhalb eines dynamischen Prozesses der Expansion im Mittelmeerraum dar, dem die Eroberung der Balearischen Inseln (vgl. S. 71) und die Errichtung eines Protektorats über muslimische Städte in Nordafrika vorangegangen waren. Später trat die

Kontrolle über Sardinien und die Grafschaft Athen (vgl. S. 138) hinzu.

Zwischen 1283 und 1302 initiierte der Papst eine Reihe von Kreuzzügen, um die Herrschaft des Hauses Anjou über Sizilien wiederherzustellen. Doch die Seestreitkräfte Aragóns waren übermächtig, so daß der Vertrag von Caltabellotta (1302) die Trennung der Insel von den festländischen Provinzen bestätigte.

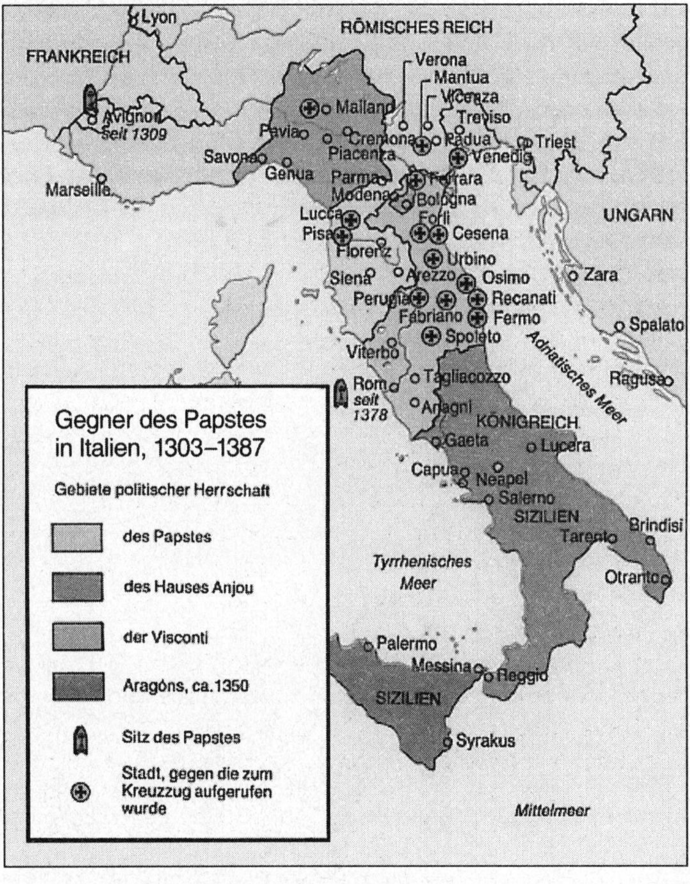

Als Basis für den Sitz des Papstes erschien Rom nun zu unsicher. Im Jahr 1305 nahm der neue Papst Clemens V. Residenz in Poitiers um diese dann 1309 nach Avignon zu verlegen. Aus diesem Exil führten die nachfolgenden Päpste einen stetigen Kampf um die Wiedererlangung der politischen Macht in Italien. Päpstliche Legaten wie Kardinal Gil Albornoz vereinigten die Guelfen – vornehmlich Florenz und den festländischen Teil des Königreichs Sizilien – zu Kreuzzügen gegen die Ghibellinen. Die Familie der Visconti stellte in Mailand und den von Mailand abhängigen Städten die kämpferischsten ghibellinischen Herrscher, so daß gegen sie in den zwanziger und sechziger Jahren des 14. Jh. Kreuzzüge geführt wurden. Aber die Ghibellinen operierten unter Verwendung der modernsten Kriegstechnik von einer breiten Territorialbasis aus und zerschlugen alle Versuche der Päpste, ihre Herrschaft über Nord- und Mittelitalien aufzurichten und somit die Rückkehr nach Rom vorzubereiten.

Kreuzzugskritik und Reaktion des Volkes

Kreuzzugskritik

Von Anbeginn zog die Kreuzzugsbewegung Kritik auf sich, die zumeist dem Mißbrauch von Kreuzzügen und nur selten der Kreuzzugsidee selbst galt.

Seit dem Zeitpunkt der Predigt Urbans II. in Clermont (1095) zogen einzelne Aspekte der Kreuzzugsbewegung Kritik auf sich. Zu den Kritikern, die über ganz Europa verstreut waren, gehörten sowohl klösterliche Chronisten als auch Troubadoure. Sie beklagten, daß die Züge mit zu vielen nicht kampffähigen Personen belastet seien, daß die Priester und Mönche, indem sie das Kreuz nahmen, ihre spirituellen und seelsorgerischen Pflichten vernachlässigten, und die Anwesenheit von Frauen, die den Heereslagern folgten. Die wiederholten Rückschläge für das Gottesheer wurden als göttliches Urteil über die menschliche Sündhaftigkeit, über die Habgier, den Stolz und den verworfenen Lebenswandel der Kreuzfahrer betrachtet. Nach der Auffassung Gerhohs von Reichersberg strebten die Bewohner Jerusalems zur Zeit des zweiten Kreuzzuges nicht nach Frieden mit den Muslimen, „sondern fast ausschließlich nach Geld, entweder durch die Gaben der Pilger oder durch das Lösegeld der Belagerten".

Die Zeitgenossen kritisierten weiter die Nichterfüllung von Gelübden sowie einzelne Herrscher, die ihren Aufbruch verzögerten. Sie klagten über die Last der von Kirche und Staat zur Finanzierung des Kreuzzuges erhobenen Steuern und über das System der Losbindung von einem Gelübde durch Zahlungen, das ursprünglich auf dieienigen bezogen war, die nicht auf Kreuzfahrt gehen konnten, und nun zur Einnahmequelle mißbraucht wurde.

Kritiker wie der Aragóneser Chronist Ramón Muntaner stellten im 13. Jh. fest, daß die Kreuzzugsidee selbst mißbraucht worden war, da die Feldzüge gegen die Häretiker (vgl. S. 76), die schismatischen Griechen (vgl. S. 85) und gegen christliche Herrscher (vgl. S. 78) auf Kosten des belagerten Königreichs von Jerusalem gingen. Einige Historiker behaupten, daß in dieser Kritik die öffentliche Meinung und eine breite Desillusionierung gegenüber dem Kreuzzugsgedanken ihren Niederschlag fanden. Jedoch bis auf die Ausnahme einzelner Kritiker, die sich Gehör zu verschaffen wußten, konzentrieren sich die kritischen Stimmen im Languedoc oder dem deutschen Kernland des Römischen Reiches, d. h. in Gebieten, in denen gute Gründe zum Widerstand gegen die päpstliche Politik vorlagen. Einige Kritiker wie Freidank oder Walther von der Vogelweide waren direkt mit dem kaiserlichen Hof verbunden. Dieselbe Kritik wurde auch gegenüber den Katharerkreuzzügen und den Kreuzzügen gegen Friedrich II. in Italien laut und ebenso gegenüber den vom Papsttum und dem Haus Anjou geführten Kreuzzügen gegen Friedrichs Erben Konrad, Manfred und Konradin und gegen Sizilien und Aragón.

Nach einschneidenden Ereignissen wie der Niederlage und Gefangennahme Ludwigs IX. in Mansurah (vgl. S. 95) stellten einige die Frage, ob weitere Kreuzzüge tatsächlich dem göttlichen Willen entsprächen. Nur selten wurde die Kreuzzugsidee grundsätzlich in Zweifel gezogen. Allein die häretischen Katharer und Waldenser vertraten eine pazifistische Haltung. Weitgehend isolierte Kritiker der Kreuzzugsidee waren Ralph Niger und Joachim von Fiore. Joachims Vorstellung, daß die Kreuzfahrer niemals durch Gewaltanwendung erfolgreich sein könnten, wurde von seinen Nachfolgern, den Joachimiten, aufgegriffen. Doch ihre Vorstellungen über den Kreuzzug scheinen keinen großen Anklang gefunden zu haben. Selbst lange nach dem Fall von Akkon an die Mamluken (1291) erfreute sich die Kreuzzugsbewegung allgemeiner Unterstützung.

Die Kreuzzüge des Volkes

Die Kritik an den Kreuzzügen begünstigte die Ausbrüche spontaner Kreuzzugsbegeisterung im Volk. Wenn die Reichen und Mächtigen Jerusalem nicht zu erobern vermochten, gelang es vielleicht den Armen und Demütigen.

Das 13. und frühe 14. Jh. ist durch mehrere begeisterte Kreuzzugsbewegungen gekennzeichnet, die weitgehend von den Jungen und Entwurzelten der armen Landbevölkerung getragen wurden, so der Kinderkreuzzug von 1212, der Hirtenkreuzzug von 1251, der Volkskreuzzug von 1309 und der Hirtenkreuzzug von 1320. Außer dem französischen Kinderkreuzzug (für den es keinen gesicherten Beweis einer Kreuzzugsabsicht gibt) entstammten alle Kreuzzüge dieser Art dem Gebiet zwischen der Normandie und dem Rheinland. Offenbar waren die Menschen der Grenzlande zwischen Frankreich und dem deutschen Reich in besonderer Weise für diese Art der Volksfrömmigkeit aufgeschlossen. Gewöhnlich begannen die Kreuzzüge um Ostern, erstreckten sich bis in den Spätsommer und dauerten daher nicht mehr als einige Monate. Keiner der Kreuzzüge erreichte den Orient, ja viele der Teilnehmer erreichten noch nicht einmal die Mittelmeerhäfen. In vielen Fällen waren mit den Zügen auch Judenpogrome verbunden.

Verläßliche Einsichten in den Ablauf der Geschehnisse und in die Absichten der Menschen sind nur schwer zu gewinnen, da die Teilnehmer keine Zeugnisse hinterlassen haben. Die zumeist dem Klerus entstammenden Chronisten nehmen entweder eine ablehnende Haltung ein oder sind ohne Verständnis. Doch die Tatsache, daß es solche Kreuzzüge gab, gewährt Einblicke in eine von den zeitgenössischen Quellen zumeist übergangene Unterschicht, die sich von charismatischen Volkspredigten begeistern und oft auch fanatisieren ließ.

Denn alle Ausbrüche dieser Art scheinen von der zeitgenössischen Kreuzzugspropaganda beeinflußt zu sein, auch wenn sie sodann Formen annahmen, die nicht den Absichten des Papsttums und der weltlichen Herrscher entsprachen. Der Kinderkreuzzug z.B. wurde von Volkspredigten zum Kreuzzug gegen die Katharer (vgl. S.76) ausgelöst, der Hirtenkreuzzug des Jahres 1251 von der Nachricht über die Katastrophe, die Ludwig IX. von Frankreich in Ägypten ereilt hatte (vgl. S.95), der Volkskreuzzug von 1309 und der Hirtenkreuzzug von 1320 standen unter dem Eindruck der erneuten Predigten zur Rückeroberung des Hl. Landes.

Der Meister von Ungarn, ein Demagoge, der 1251 den Hirtenkreuzzug anführte, beanspruchte für sich, im Besitz eines ihm von der hl. Jungfrau Maria übergebenen Briefes zu sein mit einem Inhalt, der auch sonst häufig Thema der Volkskreuzzüge war: daß die Erfolglosigkeit der Kreuzzüge zur Rückeroberung des Hl. Landes belege, daß nicht den Stolzen und Reichen, sondern den Unschuldigen und Demütigen die Befreiung der Hl. Stadt bestimmt sei.

Die Belagerung Konstantinopels und die Eroberung Griechenlands

Der vierte Kreuzzug

Der in der Forschung kontrovers diskutierte vierte Kreuzzug führte nicht an sein ursprüngliches Kriegsziel Ägypten, sondern endete mit der Zerstörung des christlichen Byzantinischen Reiches.

Im August 1198 rief Papst Innozenz III. einen neuen Kreuzzug aus. Lokale Predigten wie auch Innozenz' beispiellose Entscheidung, die Kirche zur Unterstützung der Kreuzfahrer zu besteuern, trugen dazu bei, daß sich um die Herzöge der Champagne, von Blois und Flandern sowie um einige bedeutende Herren der Île de France der Kern der künftigen Streitmacht bildete. Der Kreuzzug sollte in das Zentrum der muslimischen Macht im Nahen Osten, d.h. nach Ägypten (vgl. S. 56), führen. Venedig übernahm den Transport und verpflichtete sich vertraglich, 4500 Ritter, 9000 Schildknappen und 20000 Fußsoldaten für 85000 Mark Silber nach Ägypten zu verschiffen. Als im Oktober 1202 nur ein Drittel des erwarteten Heeres Venedig erreichte, vermochten die Anführer der Kreuzfahrer diese Summe nicht aufzubringen. Sie gaben ihre Zustimmung, den Venezianern anstelle der Bezahlung bei der Rückeroberung der Stadt Zara zu helfen, die 1186 an Ungarn gefallen war. Trotz der Anweisung des Papstes Innozenz III., daß keine christliche Stadt angegriffen werden dürfe, wurde Zara im folgenden Monat eingenommen.

Währenddessen wurde das Byzantinische Reich von einer Krise in der Herrscherdynastie erschüttert. Der Kaiser Isaak

Angelos war von seinem Bruder Alexios III. abgesetzt und geblendet worden. Isaaks Sohn (Alexios IV.) floh in den Westen, um Hilfe zu suchen, und machte den Kreuzfahrern einen überraschenden Vorschlag. Sollten sie ihn und seinen Vater wiedereinsetzen, würde er 200000 Mark Silber bezahlen, die orthodoxe Kirche mit der katholischen wiedervereinigen und ein großes Heer für Feldzüge im Hl. Land bereitstellen. Die Venezianer und die meisten Führer des Kreuzzuges stimmten zu. Viele Kreuzfahrer aber trennten sich vom Hauptheer und segelten direkt ins Hl. Land.

Das Hauptheer landete am 24. Juni bei dem Konstantinopel gegenüberliegenden Ort Chalkedon. Von Scutari aus überquerten sie den Bosporus, nahmen Galata am 6. Juli ein und marschierten am Goldenen Horn entlang. Die Venezianer bereiteten inzwischen den Angriff von der Seeseite vor. Am 17. Juli erfolgte der Generalangriff, der zur Flucht Alexios' III. und zur Befreiung Isaaks führte.

Der junge Alexios IV., der gekrönte Mitkaiser seines Vaters, versuchte den Verpflichtungen gegenüber seinen Verbündeten nachzukommen, die außerhalb der Stadtmauern ihre Lager aufgeschlagen hatten. Das Volk und der Klerus Konstantinopels jedoch lehnten die Bedingungen der Abmachung und die Anwesenheit der Kreuzfahrer ab. Anti-westliche Emotionen entluden sich in Tumulten und Straßenkämpfen. Im Januar 1204 wurden Alexios IV. und sein Vater abgesetzt und ermordet. Alexios V., der neue Kaiser, war anti-westlich gesinnt. Die isolierten und unter Druck geratenen Kreuzfahrer entschlossen sich zur Einnahme Konstantinopels. Im März unterschrieben die Venezianer und die Kreuzfahrer einen Vertrag, der das Byzantinische Reich und die Beute aufteilte. Nach dreitägigem Morden und Plündern war die Stadt am 15. April in ihrem Besitz. In der Hagia Sophia wurde Graf Balduin von Flandern zum ersten lateinischen Kaiser gekrönt. Der Großteil des südlichen Griechenland wurde im folgenden Winter erobert.

Das lateinische Griechenland

Der vierte Kreuzzug führte zur Errichtung neuer Kreuzfahrerstaaten in Griechenland, die jedoch stets in ihrer Existenz bedroht waren.

Nach dem Fall Konstantinopels an die Kreuzfahrer (vgl. S. 85) wurde ein Großteil des Byzantinischen Reiches aufgeteilt und zu neuen Kreuzfahrerstaaten. Die Gebiete um Konstantinopel zu beiden Seiten des Bosporus beherrschten lateinische Kaiser aus den Häusern Flandern und Courtenay. Um die nördliche Ägäis bis Athen entstand das neue lateinische Königreich Thessalonike. Auf der Halbinsel Morea errichtete Gottfried von Villehardouin den stabilsten Kreuzfahrerstaat in Griechenland, das Fürstentum Achaia.

Die Herrscher aus der Familie Villehardouin, die formal Vasallen des lateinischen Kaisers von Konstantinopel waren, unterhielten in Andravida einen glänzenden Hof, an dem die Ritterkultur gepflegt wurde. Der vorwiegend agrarische Kreuzfahrerstaat stützte sich auf ein Feudalsystem, das sich eng an dasjenige des Königreiches Jerusalem anlehnte (vgl. S. 33). Der Fürst verfügte über seine eigene Domäne, die durch feudale Lehnsgerichte verwaltet wurde. Seine Hauptvasallen auf Morea bildeten den Hochadel (einschließlich des Erzbischofs von Patras), der sich auf mächtigen, eindrucksvollen Burgen niederließ. Auch die Ritterorden der Templer, Johanniter und Deutschherren verfügten über Besitzungen. Die lateinischen Ansiedlungen konzentrierten sich entlang der Küste und auf größeren Inseln. Die Siedler beschränkten sich auf Städte und Burgen und nahmen kaum ländliches Gebiet in Besitz. In einigen dieser lateinischen Zentren wurden Bischofs- und Erzbischofssitze sowie Klöster eingerichtet. Oft jedoch hielten sich die lateinischen Bischöfe gar nicht im Land auf; die Masse der Bevölkerung verblieb im griechisch-orthodoxen Glauben.

Der Fürst von Achaia übte auch die Oberherrschaft über jenseits der Halbinsel Morea liegende lateinische Herrschaften aus:

die Herren von Theben und Athen, die Herzöge von Archipelagos sowie die mächtige Familie der Orsini auf Kephalonia. Dennoch blieb die lateinische Herrschaft in Griechenland ungesichert. Von Beginn an war sie von Konzessionen an die Venezianer geprägt, die ihnen im Ausgleich für die Unterstützung während des vierten Kreuzzuges zugestanden worden waren. Die Venezianer beherrschten einen großen Teil Konstantinopels und besaßen die strategisch wichtigen Flottenbasen Modon und Koron. Auf der Insel Kreta, die sie seit 1212 besetzt hielten, siedelten sie Italiener an und errichteten eine Kolonialregierung. Anderenorts vermieden sie aufgrund der anfallenden Verwaltungs- und Verteidigungskosten die direkte Herrschaftsausübung; Naxos und die umgebenden Inseln wurden von der venezianischen Familie Sanudo (die Herzöge von Archipelagos) als Lehen des Fürsten von Achaia beherrscht. In der gleichen Weise übte Venedig die Oberherrschaft über Negroponte aus.

Ein zusätzliches machtpolitisches Hemmnis für die Kreuzfahrerstaaten stellten die weiterhin existierenden Vorposten der byzantinischen Herrschaft in Nicäa und Epirus dar. Die Heere des Despotats von Epirus eroberten 1224 das Königreich Thessalonike. Die mit den Kreuzfahrern verbündeten Bulgaren eroberten es zwar 1230 zurück, es ging jedoch um 1246 im Reich von Nicäa auf. Das Reich von Nicäa war nun die aufstrebende Macht der Region. Um 1235 waren alle lateinischen Gebiete auf der asiatischen Seite des Bosporus seiner Herrschaft unterworfen. Im Jahr 1259 besiegte Michael Palaiologos, der Kaiser von Nicäa, Wilhelm Villehardouin in der Schlacht zu Pelagonia. Wilhelm und viele seiner Adligen wurden gefangengenommen. 1261 wurde er gezwungen, die Besitzungen Monembasia, Maina und Mistra als Teil des zu entrichtenden Lösegeldes an Michael zu übergeben. Im selben Jahr eroberte Michael Konstantinopel und errichtete erneut das Byzantinische Reich.

Die Herrschaft von Achaia blieb weiterhin bestehen, ging jedoch im Todesjahr Wilhelms (1275) auf seinen Schwiegersohn Philipp von Anjou, den Sohn Karls I. von Neapel, über. Seit diesem Zeitpunkt wurde Achaia von Italien aus regiert.

Die Heimatfront

Rekrutierung in England und Wales

Für England liegt eine Fülle an kirchlichen und staatlichen Zeugnissen vor, die Einblicke in die Rekrutierung von Kreuzzügen und in deren Auswirkungen auf die englische Gesellschaft bieten.

Im dritten Kreuzzug unter König Richard I. (vgl. S. 60), im Kreuzzug von 1227 unter der Leitung der Bischöfe von Winchester und Exeter sowie im Kreuzzug Richards, des Grafen von Cornwall (vgl. S. 100), spielten englische Kreuzfahrer eine führende Rolle. Ein Kontingent englischer Kreuzfahrer schloß sich 1250 unter Wilhelm Langschwert dem französischen König Ludwig IX. in Ägypten an; viele Kreuzfahrer folgten dem zukünftigen König Eduard I. in den Jahren 1270–1272 ins Hl. Land (vgl. S. 95). Unter den vielen, die das Kreuz nahmen, befanden sich die Könige Richard I., Johann, Heinrich III. und Eduard I.

Die Rekrutierung im Norden Englands für das Kreuzzugsunternehmen des Jahres 1270 zeigt, daß sich die Heereskontingente aus dem Lehensverhältnis, der Verpachtung sowie den Verwandtschafts- und Nachbarschaftsbeziehungen ergaben. Wo derartige Bande fehlten – so bei den Flotten von 1147, 1189, 1190 und 1217 –, wurde die Verbindung mit einem Schwur besiegelt. Um Männer für eine lange Zeit in der Fremde an einen Führer zu binden, der nicht notwendigerweise ihr Lehensherr war, wurden um die Zeit des Kreuzzuges Richards von Cornwall schriftliche Verträge entwickelt.

England stellte gleichermaßen Geld und Männer zur Verfügung. Durch eine besondere Kreuzzugssteuer, den Saladinszehnten, vermochte Richard I. große Summen aufzubringen. Reiche stellten ihr Vermögen in den Dienst der Kreuzzüge; Zahlungen für die Entbindung von Gelübden, Erbschaften, Geschenke und Kirchenzehnte füllten die Kassen. Weitere Geldquellen wurden durch sorgfältig organisierte Predigtreisen erschlossen. Eine solche Reise unternahm im Jahr 1188 Balduin, der Erzbischof von Canterbury, in Wales.

Gegen Ende des 13. Jh. war der Kreuzzug zum gewohnten Bestandteil des religiösen Lebens in England geworden. Dies fand seinen Niederschlag in regelmäßigen Spendenaufrufen, in besonderen Gottesdiensten, Prozessionen, in Gebeten, die in die Liturgie aufgenommen wurden, in häufig gewährten Ablässen, den Steuern sowie in der dauernden Aufstellung von Sammelbehältern für die Kreuzzüge in zahlreichen Gemeindekirchen. Die Kreuzzugsidee wirkte auch auf die englische Innenpolitik ein. Während der Bürgerkriege in den Jahren 1215–1217 und 1264–1265 suchten beide Seiten ihre Anliegen als Kreuzzüge darzustellen.

Zu den finsteren Seiten der Auswirkung der Kreuzzüge auf England gehörte, daß Frauen und Witwen der Kreuzfahrer angegriffen und sogar getötet wurden, wenn sie versuchten, in den Besitz des Eigentums ihrer Männer zu gelangen. Ferner häuften Geldverleiher, dazu zählten auch Klöster, Besitztümer auf Kosten der Kreuzfahrer an, die zur Finanzierung ihrer Reise Land verkaufen oder verpfänden mußten. In der Fastenzeit 1190 breiteten sich Bluttaten an der jüdischen Bevölkerung von London nach Norden über Stamford und King's Lynn aus, um in der Niedermetzelung der jüdischen Gemeinde von York zu gipfeln, die ein Jahrhundert der Verfolgungen einleiten sollte.

Die Ressourcen der Ritterorden

Die Ritterorden besaßen umfangreiche Besitzungen in Westeuropa. Sie bildeten die Basis für den Nachschub an Geld, Versorgungsgütern und Kämpfern zur Bewältigung der Aufgaben im Hl. Land.

In dem Maße, wie die Ritterorden bei der Verteidigung des lateinischen Ostens eine bedeutende Stellung erlangten (vgl. S. 51), erwarben sie in ganz Westeuropa Besitzungen. Die hier erwirtschafteten Gewinne verwandten sie zur Finanzierung ihrer Unternehmungen im Nahen Osten. Die Großmeister der Templer, Johanniter und des Deutschen Ordens bildeten mit ihren Hauptquartieren im Königreich Jerusalem die Spitze einer dreiteiligen Organisationsstruktur. Oben rangierten die Hauptquartiere. Hier stand dem Großmeister eine Gruppe von Amtsinhabern zur Seite, deren Ämter teilweise von höfischen Ämtern abgeleitet waren. So war z.B. das oberste militärische Amt das des Marschalls (vgl. S. 33). Die Mehrheit der Brüder waren abendländische Ritter. Die meisten der Templer und Johanniter im Hl. Land stammten aus Frankreich, wo diese Orden ihre Hauptbesitzungen hatten, während der Zustrom an Geldern und Kämpfern für den Deutschen Orden vornehmlich aus Deutschland stammte.

Die europäischen Provinzen bildeten die nächste Stufe der Organisation. Die Johanniter verwandten zu deren Bezeichnung den Ausdruck „Priorate", die von Provinzmeistern oder „Prioren" geleitet wurden. Die Provinzen der Templer und Johanniter waren normalerweise verpflichtet, Ordensbrüder sowie jährlich ein Drittel ihrer Einkünfte ins Hl. Land zu übersenden. Die Zahlungen wurden oft in Naturalien entrichtet.

In jeder Provinz existierte eine beträchtliche Anzahl von Konventen oder religiösen Häusern, die die Basis der Organisation bildeten. Sie waren vorrangig Verwaltungszentren, in denen gewöhnlich einige wenige Ordensbrüder lebten. Die meisten Konvente beherbergten Brüder, aber einige Ritterorden führten auch Schwesternhäuser. Der Oberste eines Männerkonventes wurde in der Regel „Komtur" oder „Kommendator" genannt. Ein Kämmerer oder claviger stand ihm zur Seite, der für die lokalen Besitztümer des Ordens verantwortlich war und einen festen Teil des Einkommens an die Provinz oder das Priorat zu zahlen hatte, dem der Konvent angehörte. Der Großmeister wurde gewählt, die übrigen Amtsträger ernannt. Auf jeder Organisationsebene wurden Kapitel abgehalten (die Kapitel der Konvente fanden wöchentlich, die der Provinzen jährlich statt), denn die Amtsträger waren bei bestimmten Fragen zur gegenseitigen Beratung und zum Konsens verpflichtet. Oft besaßen die Konvente keine eigenen Siegel, aber dennoch kam den Amtsträgern in der Praxis eine beträchtliche Freiheit zu. Die Großmeister konnten wegen der Entfernung zu den abendländischen Provinzen keine strenge Kontrolle ausüben, so daß Ordensbrüder – „Meister deçà mar" (jenseits des Meeres), „Großkomture" oder „Visitatoren" genannt – zu seiner Vertretung im Westen bestellt wurden.

Rekrutierung in Frankreich

Der Kreuzzug von 1248 unter der Führung des hl. Ludwig bedurfte Jahre der Vorbereitung. Er war wahrscheinlich der am besten ausgerüstete und mit Nachschub versorgte Kreuzzug, der je in den Orient unternommen wurde.

Nach seinem Gelübde im Dezember 1244 verbrachte Ludwig IX. fast vier anstrengende Jahre mit Vorbereitungen auf einen Kreuzzug zur Rückeroberung Jerusalems (vgl. S. 95). Zu Beginn des Jahres 1245 begannen die Truppenwerbungen. Die Bemühungen der ortsansässigen Prediger und Prälaten, aber auch der gewichtige Einfluß Ludwigs bewegten viele hohe Adlige Frankreichs zur Kreuznahme. Unter ihnen befanden sich die Brüder Ludwigs, Robert von Artois, Karl von Anjou und Alfons von Poitiers, und die Herzöge Johann von Montfort und Peter von Vendome. Die Führerschaft dieser Männer erklärt die geographische Verteilung der Rekrutierungen, die sich über Bande der Herrschaft, der Verwandtschaft und Nachbarschaft vollzogen.

Die Truppenaushebungen waren nur der erste Schritt. Im Jahr 1246 schloß Ludwig Verträge für 36 Schiffe aus Genua und Marseille, die seine Truppen transportieren sollten. Seine Beauftragten kauften alles zur Versorgung und Kriegsführung Notwendige und sandten vieles nach Zypern voraus. Aigues-Mortes, der Ort der Einschiffung, verwandelte sich rasch von einem friedlichen Fischerdorf in ein Hauptdepot des Kreuzzuges und einen wichtigen königlichen Hafen. Die gesamten Vorbereitungen waren höchst kostspielig. Weitere hohe Summen fielen durch die von Ludwig eingegangene Verpflichtung an, etwa die Hälfte der mit ihm ziehenden Kreuzfahrer durch Verträge und Anleihen finanziell zu unterstützen. Die Kosten des Kreuzzugs für die französische Krone wurden später auf 1 537 570 Livres Tournois geschätzt.

Das durchschnittliche Jahreseinkommen Ludwigs betrug nur ca. 250 000 l.t. Um die Gelder aufzubringen, verfügte er drastische Einsparungen, ergriff Maßnahmen, den Ertrag der Krondomäne zu erhöhen, und weitere Notbehelfe mit dem Ziel, an Bargeld zu gelangen. Murrend trug die französische Kirche fünf Jahre lang den zehnten Teil der kirchlichen Einkünfte bei. Ungefähr 950 000 l.t., die zwei Drittel der Ausgaben Ludwigs deckten, wurden auf diese Weise aufgebracht. Die Städte der Krondomäne sowie die Städte der Normandie und des Languedoc wurden, gleich ob arm oder reich, ausgepreßt, so daß einige von ihnen zwei, ja drei Schenkungen an den König zahlten. Städtische Gelder machten ungefähr 274 000 l.t. aus. Zwischen 1245 und 1248 bereiste Ludwig die Krondomäne, um Ausschau nach weiteren Geldquellen für den Kreuzzug zu halten. Bemerkenswerterweise blieb er während vier von fünf Jahren Aufenthalt im Orient zahlungsfähig, was als Beleg für die Umsicht seiner Vorbereitungen und die Entschlossenheit seines Vorgehens gewertet werden kann.

Kreuzzüge nach Nordafrika (1217–1272)

Der fünfte Kreuzzug

Das Engagement der Europäer machte die ehrgeizigsten Kreuzzugsunternehmen des 13. Jh. möglich. Sie sollten die Kreuzfahrerstaaten sichern, was man durch die Eroberung Ägyptens zu erreichen hoffte.

In der zweiten Dekade des 13. Jh. herrschte große Kreuzzugsbegeisterung, denn Jerusalem war noch immer in Händen der Muslime. Der sehnlichste Wunsch Papst Innozenz' III. galt der Rückeroberung der Hl. Stadt. Im April 1213 rief er zu einem neuen Kreuzzug ins Hl. Land auf, doch vor einem solchen starb er.

Herzog Leopold VI. von Österreich war der erste Herrscher, der nach Akkon aufbrach, rasch gefolgt von dem ungarischen König Andreas, König Hugo I. von Zypern und von Truppenkontingenten aus dem gesamten Römischen Reich. Den Winter 1217–1218 verbrachten die Kreuzfahrer in Palästina und unternahmen einige kleinere militärische Operationen gegen die Muslime. Einige Truppenkontingente waren nur für einen beschränkten Zeitraum angeworben worden, so daß das christliche Heer empfindlich geschwächt wurde, als König Andreas mit seinen Truppen im Januar nach Ungarn zurückkehrte. Als im Frühjahr Verstärkung, insbesondere eine große Flotte aus Nordeuropa, ankam, faßten die Kreuzfahrer den Entschluß zum Einfall in Ägypten. Im Mai 1218 richteten sie einen Brückenkopf auf einer Insel westlich von Damiette ein. Im August eroberten sie einen Verteidigungsturm im Nil. Trotz ägyptischer Gegenangriffe gelang es ihnen, einen aufgegebenen Kanal neu auszuheben und so für Nachschub und Verstärkung einen Zugang zu schaffen. Im November 1219 wurde Damiette eingenommen.

Der ägyptische Sultan al-Kamil bot für den Fall, daß sich die Kreuzfahrer aus Ägypten zurückzögen, die Rückgabe des gesamten Königreichs Jerusalem (mit Ausnahme der jenseits des Jordans gelegenen Gebiete) an. Johann von Brienne, der König von Jerusalem, wollte das Angebot des Sultans annehmen, während Pelagius von Albano, der päpstliche Legat, es strikt ablehnte. Zwanzig Monate lang sollte Pelagius vergeblich auf den erhofften Beistand Kaiser Friedrichs II. warten (vgl. S. 100). Als im Juli 1221 der allgemeine Aufbruch nach Süden begann, war allein eine Vorhut unter Herzog Ludwig I. von Bayern angekommen. Gegen den Rat König Johanns hielt der Zug gegenüber Mansurah, der zwischenzeitlich verstärkten Lagerfestung al-Kamils. Die Ägypter durchstachen die Deiche des Nils und überfluteten das umliegende Land, so daß die Kreuzfahrer von Nachschub und Verstärkung abgeschnitten waren. Am 30. August stimmten sie zu, gegen freien Abzug Ägypten zu räumen.

Die Kreuzzüge Ludwigs IX.

Die beiden Kreuzzüge Ludwigs IX. waren Fehlschläge. Während seines ersten Kreuzzuges wurde sein Heer umzingelt und er selbst gefangengenommen. Sein zweiter Kreuzzug wurde von einer Seuche beendet, die seine Ritter und in Tunis ihn selbst dahinraffte.

Während in Frankreich für den ersten Kreuzzug Ludwigs bedeutende Truppenkontingente ausgehoben wurden (vgl. S. 92), wurde die Unterstützung durch die übrigen europäischen Länder durch politische Gegensätze behindert. Entsprechend entstammte seine 15 000 Mann (darunter 2500 Ritter) umfassende Armee hauptsächlich den französischen Kronlanden Flandern,

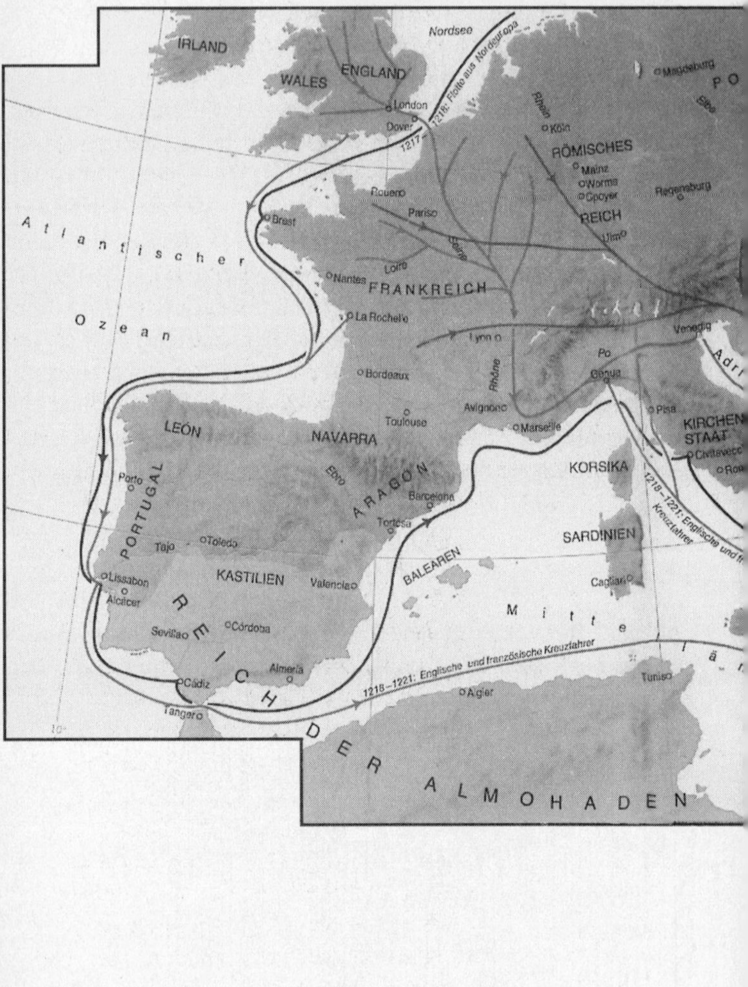
IRLAND
WALES
ENGLAND
Nordsee
1218: Flotte aus Nordeuropa
London
Dover
1217
Köln
Rhein
Magdeburg
Elbe
RÖMISCHES
REICH
Mainz
Worms
Speyer
Regensburg
Ulm
Rouen
Paris
Seine
Loire
Brest
Nantes
FRANKREICH
La Rochelle
Atlantischer
Ozean
Lyon
Rhône
Venedig
Po
Genua
Bordeaux
Toulouse
Avignon
Marseille
Pisa
KIRCHENSTAAT
LEÓN
NAVARRA
Ebro
ARAGÓN
Barcelona
Tortosa
KORSIKA
Porto
PORTUGAL
Tajo
Toledo
SARDINIEN
1218–1221: Englische und französische Kreuzfahrer
Lissabon
Alcácer
KASTILIEN
Valencia
BALEAREN
Cagliari
Sevilla
Córdoba
Almería
Cádiz
Tanger
Algier
Tunis
Mittelmeer
REICH DER ALMOHADEN

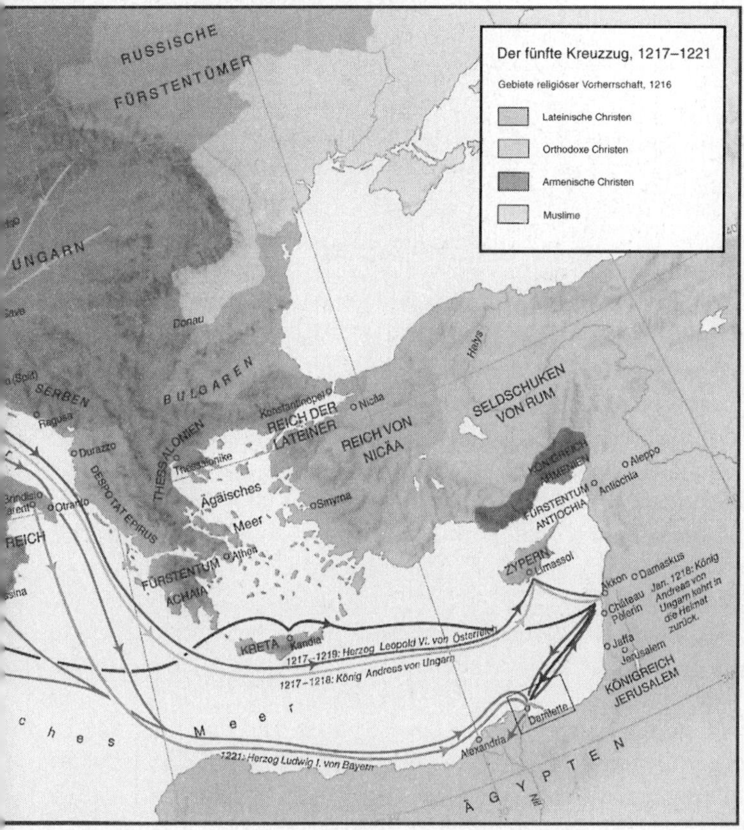
Der fünfte Kreuzzug, 1217–1221
Gebiete religiöser Vorherrschaft, 1216
Lateinische Christen
Orthodoxe Christen
Armenische Christen
Muslime
RUSSISCHE FÜRSTENTÜMER
UNGARN
Donau
SERBEN
Ragusa
BULGAREN
THESSALONIEN
Thessalonike
Konstantinopel
REICH DER LATEINER
Nicäa
REICH VON NICÄA
SELDSCHUKEN VON RUM
Halys
KÖNIGREICH ARMENIEN
Aleppo
Antiochia
FÜRSTENTUM ANTIOCHIA
Durazzo
DESPOTAT EPIRUS
Otranto
Ägäisches Meer
Smyrna
Athen
FÜRSTENTUM ACHAIA
ZYPERN
Limassol
Akkon
Damaskus
Château Pèlerin
Jan. 1218: König Andreas von Ungarn kehrt in die Heimat zurück
Jaffa
Jerusalem
KÖNIGREICH JERUSALEM
KRETA
Kandia
1217–1219: Herzog Leopold VI. von Österreich
1217–1218: König Andreas von Ungarn
1221: Herzog Ludwig I. von Bayern
Damiette
Alexandria
ÄGYPTEN
REICH

Champagne, Burgund, Bretagne und Poitou. Hinzu traten kleinere Kontingente aus Lothringen, Italien und Schottland sowie etwa 200 englische Ritter.

Ludwig segelte am 25. August 1248 von Aigues-Mortes ab und landete am 17. September in Limassol auf Zypern. Hier sammelte sich das Heer allmählich und brach im folgenden Mai nach Ägypten auf. Am 6. Juni nahmen die Kreuzfahrer Damiette ein, wobei sie nur geringe Verluste erlitten. Dies sollte ihr einziger Erfolg bleiben. Nachdem im Oktober weitere Verstärkung aus Frankreich angekommen war, begann am 20. November der Marsch auf Kairo entlang des Damiettezweiges des Nils. Während des Vorstoßes der Kreuzfahrer starb Sultan al-Salih Aiyub (vgl. S. 108), und die Kampfmoral der Ägypter brach zusammen.

Das Kreuzfahrerheer hielt am Nordufer des Flusses al-Bahr al-Saghir gegenüber Mansurah, wo der Hauptteil des ägyptischen Heeres lag, vermochte den Fluß jedoch nicht zu überqueren. Schließlich machte ein Einheimischer die Kreuzfahrer auf eine unbewachte Furt flußabwärts aufmerksam, über die eine Vorhut am 8. Februar 1250 einen neuen Vorstoß wagte. Nachdem die Furt überquert worden war, mißachtete Ludwigs Bruder, Robert von Artois, die Anweisung zu warten und führte die Vorhut in die engen Straßen von Mansurah, wo sie vernichtet wurde.

Dies war der Wendepunkt des Krieges. Ludwigs Heer hatte zu viele Männer verloren, um den Vorstoß fortzusetzen, während mit der Ankunft des neuen Sultans, Turan Schah, die Kampfmoral der Ägypter zurückkehrte. So waren die einem übermächtigen Gegner ausgesetzten und von Seuchen heimgesuchten Kreuzfahrer gezwungen, sich bis auf den halben Weg nach Damiette zurückzuziehen. Am 6. April wurde Ludwigs Heer nahe Sharamsah umzingelt und zur Aufgabe gezwungen. Nachdem er am 6. Mai ein hohes Lösegeld gezahlt hatte, segelte Ludwig nicht nach Frankreich, sondern nach Akkon, was sein außergewöhnliches Engagement für das Hl. Land belegt. In den folgenden vier Jahren versah Ludwig effektiv die Regierungsgeschäfte des Hl. Landes, handelte Verträge aus und befestigte Akkon, Jaffa, Caesarea und Sidon. Am 24. April 1254 verließ er Akkon, um im Juli in Hyères zu landen.

Am 24. März 1267 nahm Ludwig erneut das Kreuz. Wieder erfuhr er aus dem Ausland nur beschränkt Unterstützung, die hauptsächlich aus 300 englischen Rittern unter Prinz Eduard von England bestand, denen sich im Mittelmeer eine friesische Flotte und einige Schotten anschlossen. Diesmal hielt sich auch bei Ludwigs Untertanen die Begeisterung in Grenzen, so daß nur etwa 10 000 am Kreuzzug teilnahmen. Ludwig segelte am 2. Juli 1270 von Aigues-Mortes aus zum Treffpunkt Cagliari auf Sardinien. Hier gab er Tunis als Kriegsziel bekannt, zu dem ihn die Nachricht bewogen hatte, daß Emir Muhammed I. von Tunis die Taufe wünsche. Kaum war die Flotte bei Tunis am 18. Juli gelandet, wurden viele Kreuzfahrer von einer Seuche dahingerafft. Am 25. August fiel ihr auch Ludwig zum Opfer. Die Befehlsgewalt über das Heer lag nun bei Karl von Anjou, der einen seinen Interessen dienlichen Vertrag mit Muhammed I. abschloß und dann im September zusammen mit den Kreuzfahrern nach Sizilien aufbrach. Rasch zerfiel das Heer.

Philipp III., der Erbe Ludwigs, brachte die sterblichen Überreste seines Vaters nach Frankreich. Von den übrigen Führern brach allein Prinz Eduard nach Akkon auf, wo er im Mai 1271 ankam. Nachdem er einen Attentatsversuch überlebt hatte, kehrte Eduard im September 1272 nach England zurück.

Siedler, Händler und Missionare

Das Wiedererstarken der Kreuzfahrerstaaten

Seit dem dritten Kreuzzug beherrschten die Christen den größten Teil der Küstengebiete im Nahen Osten. In der ersten Hälfte des 13. Jh. dehnten sie ihre Herrschaft auf Gebiete im Hinterland aus.

Als Königin Isabella von Jerusalem im Jahr 1228 starb, übernahm ihr Mann, Kaiser Friedrich II., die Regentschaft für den gemeinsamen Sohn Konrad. Friedrich, der sein Gelöbnis, sich dem fünften Kreuzzug im Jahr 1217 anzuschließen, nicht erfüllt hatte, sammelte 1227 einen neuen Kreuzzug. Aber er wurde krank und konnte nicht abreisen. Aufgrund der erneuten Verzögerung wurde er von Papst Gregor IX. exkommuniziert. Dennoch brach Friedrich 1228 ins Hl. Land auf. Im folgenden Jahr gelang es ihm, mit den Ägyptern einen Vertrag zu schließen, der Teile Palästinas und insbesondere die Stadt Jerusalem unter christliche Herrschaft stellte. In den Jahren 1239–1241 führten Graf Theobald von der Champagne und Herzog Richard von Cornwall einen Kreuzzug an, der die Gebietsgewinne weiter vergrößerte. Trotz einer Niederlage Theobalds bei Gaza hatten die folgenden Verhandlungen zum Ergebnis, daß das Königreich Jerusalem eine Ausdehnung erlangte, wie sie seit 1187 nicht mehr bestanden hatte.

Die Kreuzfahrer lebten nun fast ausschließlich in den Städten. Im Gegensatz zur Zeit vor 1187 waren die Siedlungen in Palästina und Syrien nicht mehr isoliert: Kreuzfahrerstaaten in Zypern (vgl. S. 60) und in Griechenland (vgl. S. 87) waren inzwischen entstanden; Beziehungen entwickelten sich auch zum Königreich Armenien, das sich dem Papsttum unterworfen hatte und stark von der abendländischen Kultur beeinflußt war.

Die Königsfamilie von Armenien und die der Fürsten von Antiochia, durch Heirat miteinander verwandt, wollten ihren eigenen Kandidaten auf dem Fürstenthron von Antiochia sehen. Zu Beginn des 13. Jh. suchten die Armenier ihren Kandidaten mit Einfällen in das Gebiet Antiochias zu unterstützen. Im Jahr 1216 gelang ihnen sogar für kurze Zeit die Einnahme der Stadt Antiochia.

In Zypern war das folgende Jahrzehnt von Bürgerkrieg gekennzeichnet. Friedrich II., der die Oberherrschaft über die Insel ausübte, hatte fünf zypriotische Ritter, genannt Baillis, mit den Regierungsgeschäften betraut. Friedrichs machtvollster Gegenspieler, Johann von Beirut, fiel 1229 auf Zypern ein. Die Kämpfe dauerten bis zu Johanns endgültigem Sieg im Jahr 1233 und griffen auch auf das Festland über.

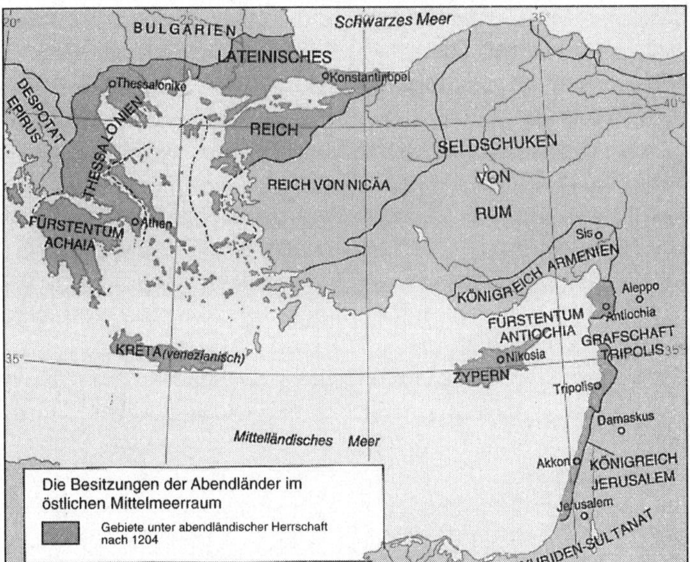

Die Bevölkerung der Kreuzfahrerstaaten pflegte mit ihren muslimischen Nachbarn über Handel und Diplomatie Kontakt. Ein Versuch, sich in die Angelegenheiten der muslimischen Staaten durch eine Allianz mit dem Fürsten von Damaskus zu mischen, beendete die Phase der Einbindung der Kreuzfahrerstaaten in das politische Gefüge des Nahen Ostens. Jerusalem ging verloren, und das Heer der Christen wurde von den Ägyptern bei La Forbie im Jahr 1244 vernichtend geschlagen. Nach 1250 sollte eine neue, weitaus aggressivere muslimische Macht die Herrschaft über Ägypten übernehmen die Mamluken (vgl. S. 108).

Der Fernhandel

Die Kreuzfahrerstaaten hingen in ihren Einkünften und in ihrer Verbindung zu Europa von der Schiffahrt westlicher Kaufleute ab. Die Flotten dieser Kaufleute übten ab etwa 1150 die Kontrolle über das Mittelmeer aus.

Das Erscheinen der Italiener vor der syrischen Küste während des ersten Kreuzzuges (vgl. S. 26) stellte einen entscheidenden Augenblick in einem langen Kampf gegen den Islam dar, den Pisa, Genua und Venedig seit 150 Jahren geführt hatten. Im Jahr 1087 hatten die Streitmächte Pisas und Genuas mit päpstlicher Billigung einen Angriff gegen Mahdia (Tunesien), ein Zentrum des Handels mit afrikanischem Goldstaub, unternommen. Nach dem ersten Kreuzzug versuchte Pisa die Balearischen Inseln zu erobern (1113–1115). Der Krieg zur Rückeroberung Jerusalems traf sich daher mit den Interessen Italiens nach militärischer und ökonomischer Expansion.

Die lateinischen Herrscher des Nahen Ostens benötigten zur Eroberung der Hafenstädte Palästinas italienische Hilfe. Ein Privileg für Genua (1104) und ein Vertrag mit Venedig (1123) stellen Beispiele für die bedeutenden Anreize dar, die man für die Italiener schuf. Sie sollten ein Drittel der eroberten Städte erhalten und wurden in gewissem Umfang von Handelszöllen befreit. Die Herrscher bedauerten oft ihre Großzügigkeit, obwohl der anwachsende Handel weitere Einkünfte sicherte. Um 1200 waren die Italiener vornehmlich in Akkon und Tyrus konzentriert. Sie wickelten den Handel zwischen Westeuropa und der muslimischen Welt ab, in die sie zum Entsetzen der Kirche Waffen sowie Textilien und Nahrungsmittel exportierten, wofür sie Medikamente, Seide, Pfeffer, Baumwolle und Zucker erhielten.

Akkon und Tyrus waren die Zentren eines Netzes von Handelsbeziehungen, das sich bis zu den legendären Herkunftsorten von Gewürzen in Fernost erstreckte. Dennoch waren christliche Händler durch Alexandria im Süden und Damaskus im Osten von einer direkten Teilnahme am Handel ausgeschlossen. Muslimische Händler, die sogenannten Karimis, kontrollierten um 1200 den Gewürztransport von Indien in ihr Heimatland Ägypten. Durch den Aufstieg des Mongolenreiches (vgl. S. 111) entstand eine zweite Handelsroute zum Transport der Luxusgüter des Orients. Diese verlief über das Schwarze Meer und führte durch Zentralasien und erfreute sich im späten 13. sowie im 14. Jh. großer Beliebtheit.

Akkon: eine Kreuzfahrerstadt

Akkon, eine Hafenstadt voller Betriebsamkeit und internationaler Besucher, war die größte Stadt im Königreich Jerusalem und im 13. Jh. seine Hauptstadt.

Akkon liegt auf einem niedrigen Vorgebirge aus Sandstein am nördlichen Ende einer Sandbucht. Die Stadt war im Altertum entstanden und in ihrer muslimischen Periode ein bedeutender Kriegs- und Handelshafen. Die ursprüngliche Anlage der Kreuzfahrerstadt war von den alten muslimischen Befestigungsanlagen bestimmt. Im ersten Jahrzehnt des 13. Jh. wurde auch die Vorstadt Montmusard mit Mauern umschlossen und ein zweiter, äußerer Wall zum Schutz für beide Stadtteile aufgeworfen.

Der Hafen hatte einige Mängel, war aber immer noch besser als die weiter im Süden gelegenen Häfen. Große Schiffe mußten außerhalb ankern, von wo aus kleine Boote Passagiere und Waren zu den Landungsplätzen brachten. Handelswaren wurden sodann in den Gerichtshof gebracht, der in sich die Funktionen des Zollamtes, des Warenlagers und des Marktes vereinte. Die Hauptgeschäftsstraße führte in nordöstlicher Richtung zu den Haupttoren der Stadtmauer. Rechts und links von der Straße lagen die autonomen Stadtviertel der Kaufleute aus Italien und der Provence. Die Rivalität zwischen den Venezianern und den Genuesen war so stark, daß sie im Jahr 1256 zum offenen Kampf führte.

Die königliche Amtsgewalt wurde vom König selbst oder aber von seinem Konstabler ausgeübt. In der Kathedrale zum Hl. Kreuz hatte der Bischof von Akkon seinen Sitz. Nach dem Verlust Jerusalems im Jahr 1187 (vgl. S. 58) richtete sich der Patriarch von Jerusalem in einem Nachbarviertel ein, um im Jahr 1262 den Bischofssitz ganz zu übernehmen. Im 13. Jh. übersiedelten weitere Kathedralkapitel und Klostergemeinschaften aus den an die Muslime verlorenen Gebieten nach Akkon, so daß sich in der Stadt schließlich 60 Kirchen befanden. Mehrere Ritterorden hatten ihr Hauptquartier in Akkon (vgl. S. 106).

Trotz der vielen Kirchen und der großen Anzahl frommer Männer und Frauen heben Chronisten wie Bischof Jakob von Vitry (1216) und der Dominikanerbruder Burchard vom Berg Zion (ca. 1283) die moralische Verkommenheit als Hauptmerkmal der Stadt Akkon im 13. Jh. hervor. Die Bevölkerung entstammte allen Gegenden Europas, darunter war eine beträchtliche Zahl von Kriminellen. Denn die Gerichtshöfe in Westeuropa konnten verhängte Strafen in die Pflicht zur Ansiedlung im Hl. Land umwandeln, das auf diese Weise zu einer Art Strafkolonie wurde.

Die katholische Mission im Orient

In den Kreuzfahrerstaaten wurde eine katholische Kirchenorganisation eingerichtet. Im 13. Jh. wurde die Mission auf den Fernen Osten ausgedehnt.

Nach dem ersten Kreuzzug (vgl. S. 26) setzten die Eroberer abendländische Kleriker als Patriarchen von Jerusalem und Antiochia ein und errichteten ein Netzwerk katholischer Bistümer und Erzbistümer. Die Christenheit des Orients wurde ihnen theoretisch unterstellt, was freilich nur wenig Auswirkungen auf die Praxis hatte.

Die lateinischen Christen waren stets eine Bevölkerungsminderheit und besaßen nur wenige Gemeinden. Dennoch wurden besonders an Hl. Stätten (vgl. S. 38) Klöster gegründet. Die wichtigsten religiösen Gemeinschaften des Abendlandes waren vertreten. Im 13. Jh. kamen die Bettelorden hinzu, einschließlich des Ordens der Karmeliten, der im lateinischen Osten entstanden war. Als die Kreuzfahrer die Herrschaft über das Gebiet an die Muslime verloren, blieben einige dieser Bistümer als Titularbistümer bestehen, besonders wenn sie Besitz in christlich gebliebenen Gebieten oder im Westen hatten.

Die Päpste vergaben auch an die in den Orient ausgesandten Missionare Bistümer. Von der ersten Hälfte des 13. Jh. an unternahmen Mitglieder des Dominikaner- und Franziskanerordens Reisen mit diplomatischer und religiöser Zielsetzung, die sie insbesondere in die unter mongolischer Herrschaft stehenden Länder führten (vgl. S. 111). Einige Missionare richteten sich auf eine dauerhafte Präsenz in den Städten am Schwarzen Meer, in Großarmenien und im westlichen Iran ein, wovon europäische Kaufleute und die orientalischen Christen profitierten. Spätere Missionare zogen bis nach Indien und China.

Im Jahre 1307 wurde der Franziskaner Johannes von Montecorvino zum Erzbischof der Tataren mit Sitz in Chanbalyq (Peking) geweiht. Ursprünglich umfaßte seine Provinz alle mongolischen Reiche. Einige Jahre später erfolgte die Gründung einer zweiten Provinz, die von den Dominikanern betreut wurde, mit dem Zentrum in Sultaniyah (Iran). Auf diesen Erfolg hin errichtete man eine große Anzahl von Missionsbistümern, die sich jedoch oft als kurzlebig erwiesen. Häufig scheiterten die katholischen Missionen an Seuchen, an politischen Umwälzungen sowie daran, daß viele Herrscher Zentralasiens für den Islam gewonnen wurden. Gegen Ende des 14. Jh. waren die Aktivitäten der Missionare daher weitgehend auf die Gegend um das Schwarze Meer und auf das Gebiet um den Kaukasus beschränkt.

Die Wächter des lateinischen Ostens

Während des 13. Jh. stellten die Ritterorden ihre Herrschaft über das Hl. Land wieder her. Sie errichteten neue Burgen und eroberten die alten zurück.

Infolge der Niederlage in der Schlacht bei Hattin (1187) waren in Syrien die meisten Burgen der Ritterorden verlorengegangen. Die einzigen bedeutenden Festungen, die weiterhin von den Johannitern gehalten wurden, waren Krak des Chevaliers und Margat. Sowie die Kreuzfahrer die Herrschaft über die Küste zurückerlangt hatten (vgl. S. 61), nahmen die Festungen der Ritterorden wieder an Bedeutung zu. Einige Burgen wurden zusammen mit den verlorenen Gebieten zurückerobert, andere, wie z. B. Château Pèlerin, wurden neu errichtet, um den Notwendigkeiten eines veränderten Grenzverlaufes Rechnung zu tragen. Oft wurden Burgen von Herren, die eine weitere Verteidigung nicht gewährleisten konnten, an die Orden übergeben oder verkauft.

Im frühen 13. Jh. lag der Hauptwirkungskreis der Orden im Norden. In der Mitte des Jahrhunderts jedoch geriet eine steigende Anzahl von Festungen im Königreich Jerusalem in ihre Hand. Die meisten wurden dem Templer- und Johanniterorden zugewiesen, aber auch der Deutsche Orden, der seit 1198 militärische Funktionen erfüllte, übernahm – besonders im Hinterland von Akkon (vgl. S. 103) – Verteidigungsaufgaben. Den weniger bedeutenden Orden des hl. Thomas von Akkon und des hl. Lazarus scheinen keine Festungen übergeben worden zu sein.

Die Besatzung der Templerburg Saphet bestand aus 80 Ordensbrüdern, 350 zusätzlichen Kämpfern sowie 820 Arbeitern und 400 Sklaven. Neben Besatzungen für die Burgen, deren Bereitstellung die eigentliche Hauptaufgabe der Ritterorden war, stellten sie auch einen beträchtlichen Anteil der Truppen, die die Kreuzfahrerstaaten ins Feld führten, und dies obwohl die Anzahl der Brüder aus den wichtigsten im Nahen Osten vertretenen Orden kaum 300 Personen überstieg. Diese machtvolle Stellung verlieh nicht nur ihrem Rat in militärischen und politischen Fragen – besonders während der häufigen Abwesenheit des Königs – bestimmenden Einfluß, sondern ermöglichte auch selbständige Unternehmungen. Im Norden betrieben sie z.B. eine aggressive Politik, die ihnen Orte wie Homs und Hamah sowie die islamische Sekte der Assassinen tributpflichtig werden ließ. Ihre unabhängige militärische und politische Stellung zog Kritik auf sich, die sich verstärkte, als die Ritterorden den Vormarsch der Mamluken (vgl. S. 112) nicht aufhalten konnten. Seit den sechziger Jahren des 13. Jh. verloren sie, oft nach nur kurzer Belagerung, viele Festungen. Im Jahr 1291 mußten sie das Hl. Land ganz räumen, so daß nur noch einige Besitztümer in Armenien in ihrer Hand verblieben.

Muslime und Mongolen

Das Reich der Aiyubiden und sein Fall

Saladin hatte seiner Familie ein großes Reich hinterlassen, das sich von Ägypten nach Kleinasien erstreckte. Innerhalb von sechzig Jahren wurde die Herrschaft über das Gebiet von den Mamluken, den Soldatensklaven der Aiyubiden, übernommen.

Im Jahr 1232 weiteten die Nachfolger Saladins ihre Herrschaft auf große Teile von Diyarbakir aus, so daß sich ihr Reich von Assuan in Südägypten bis in das anatolische Hochland erstreckte. Angeführt wurde die Aiyubidendynastie vom Sultan in Kairo. Der Sultan war kein absoluter Herrscher, sondern stand einem Familienverband verschiedener Prinzen vor, die von Hauptstädten wie Damaskus, Aleppo oder Mayyafariqin aus ihr Herrschaftsgebiet kontrollierten. Diese von den Seldschuken ererbte politische Struktur beinhaltete die Vorteile, aber auch die Nachteile einer dezentralen Regierungsform. Sicherte der Dezentralismus auf der einen Seite die Herrschaftsausübung über die verstreut liegenden einzelnen Gebiete, so war auf der anderen Seite das politische Gefüge als Ganzes durch Familienstreitigkeiten bedroht. Diese wurden durch die Mamluken, Soldatensklaven aus Südrußland, ausgetragen, die im Dienst eines jeden Prinzen standen.

Sieben Jahre blieb die Nachfolge Saladins umstritten, bis im Jahr 1200 Saladins Bruder, al-Adil Sayf al-Din (Sephadin), die Macht in Ägypten übernahm. Auf Sephadin folgte sein Sohn al-Kamil (1218–1238) und auf al-Kamil dessen Sohn al-Salih.

So blieb die Einheit des Reiches erhalten und die Dynastie mächtig genug, um den fünften Kreuzzug zu schlagen (vgl. S. 94). Zu einem endgültigen Sieg über die Kreuzfahrer reichten die Kräfte jedoch nicht, so daß man dem Krieg die Verhandlungen mit Kaiser Friedrich II. vorzog (vgl. S. 100).

Unter al-Salih (1240–1249) verschoben sich die Kräfteverhältnisse. Um die Opposition gegen seine Herrschaft zu unterdrücken, rekrutierte er ein neues mächtiges Mamlukenregiment, die Bahri- oder Fluß-Mamluken, die diesen Namen von ihren Inselkasernen im Nil bei Kairo erhielten. Al-Salih starb kurz nach der Ankunft des Kreuzzuges Ludwigs IX. (vgl. S. 95). Im folgenden Jahr brachten die Bahri-Mamluken seinen Sohn Turan Schah um und rissen die Macht an sich.

Syrien blieb der Aiyubidendynastie gegenüber weiterhin loyal. Al-Nasir Yusuf, ein Enkel Saladins, wurde zum Sultan von Damaskus ausgerufen. Im September 1250 versuchte er vergeblich, durch einen Einfall in Ägypten die Herrschaft der Aiyubiden wiederherzustellen. Als im Jahr 1260 fast alle Aiyubiden durch den Einfall der Mongolen (vgl. S. 111) entmachtet wurden, war der Sieg der Mamluken gefestigt. Im selben Jahr schlugen die Mamluken die Mongolen bei ‘Ayn Dschalut und eigneten sich auf diese Weise fast das ganze alte Aiyubidenreich an. Ihre Herrschaft sollte sich grundsätzlich von der ihrer Vorgänger unterscheiden.

Die Herrschaftsstruktur der Mamluken

Die bestehende Verwaltung Ägyptens und Syriens wurde von der streng zentralistischen Militärregierung der Mamluken überlagert.

Die Mamluken waren Soldatensklaven, die als Kinder in der Steppe Südrußlands gefangengenommen worden waren. Ursprünglich Heiden aus der kiptschakischen Türkei, wurden sie während ihrer militärischen Ausbildung in Ägypten zum Islam bekehrt. Auch nach ihrer Machtübernahme in Ägypten (vgl. S. 108) versiegte der Sklavenstrom nicht, der die folgenden Generationen an Soldaten und Verwaltungsbeamten bereitstellte. Seit der Mitte des 14. Jh. entstammten die Mamluken zumeist dem christlichen Tscherkessenstamm aus dem Kaukasus.

Die Herrschaftsausübung der Mamluken lehnte sich stark an die ihrer Vorgänger aus der Fatimiden- und Aiyubidendynastie an. Viele Ämter gingen auf diese Zeit zurück, wobei einige an Bedeutung gewannen, andere in den Hintergrund traten. An Stelle der lockeren Verbindung zwischen den aiyubidischen Fürstentümern trat ein streng zentralistisches Staatswesen, das eine ungleich größere Bedrohung für die abendländischen Siedlungen darstellte. Zwischeninstanzen wurden weitgehend ausgeschaltet, so daß viele Offiziere und Amtsinhaber dem Sultan direkt Bericht erstatteten. Die Macht wurde durch das Militär ausgeübt, in dem alle leitenden Männer des Schwertes Mamluken waren. Die Emire des Rates waren dem Sultan direkt unterstellt und übten eine Art Militärherrschaft aus. Die Männer des Schwertes drangen auch in die Zuständigkeitsbereiche der Männer des Turbans (meist arabische Muslime) und der Männer der Schreibfeder (meist arabische Muslime und Christen) ein, die Zivilisten waren. So waren z. B. die niedrigen Finanzbehörden (Diwans) mit Arabern besetzt, die von mamlukischen Schadas, Militäroffizieren mit Sachkenntnissen in Finanzfragen, kontrolliert wurden.

Die Provinzen außerhalb Ägyptens – wie Damaskus, Aleppo, Kerak und Saphet – wurden von mamlukischen Naibs regiert, die dem Sultan in Kairo direkten Bericht erstatteten. Um der Gefahr einer Revolte in den Provinzen unter der Führung der Naibs entgegenzutreten, unterstanden die Zitadellen von Damaskus und Aleppo eigenen Militärgouverneuren Malis). Hamah wurde theoretisch von einem Fürsten aus der Aiyubidendynastie regiert, der den Mamluken tributpflichtig war, in der Praxis jedoch wie eine Mamlukenprovinz behandelt.

Die Mongolen – Freund oder Feind?

Der jähe Aufstieg des Mongolenreiches unter Dschingiz Khan und seinen Nachfolgern bedrohte Muslime und Christen gleichermaßen.

Das Mongolenreich wurde von Dschingiz Khan (1167? –1227) begründet, der im Jahr 1206 von den nomadischen Mongolenstämmen Nordchinas als Großkhan aller Mongolen anerkannt wurde. Mit ihm begannen mongolische Expansionswellen, die bis fünfzig Jahre nach seinem Tod fortdauern sollten. Das mongolische Heer war eine bestens ausgebildete, hochbewegliche Truppe von berittenen Bogenschützen, deren militärische Vorgehensweise von den nomadischen Elementen der Jagd und Herdenhaltung geprägt war. Die Schwäche des Heeres bei Belagerungen wurde durch Verbände von chinesischen (später muslimischen) Belagerungstechnikern ausgeglichen.

Als zwischen 1236 und 1242 Batu, der Enkel Dschingiz Khans, in Rußland und Osteuropa einfiel, gerieten die Mongo-

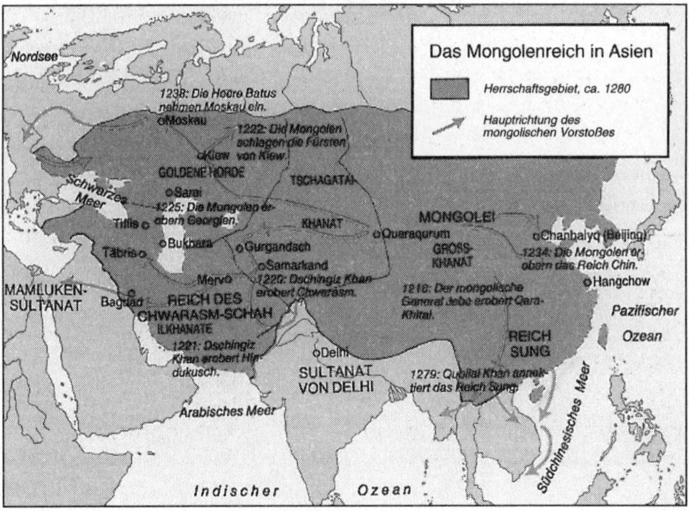

len in Konflikt mit den Christen. Einige deutsche Bischöfe predigten, gefolgt von den Päpsten Gregor IX. und Innozenz V., Kreuzzüge gegen die Mongolen, fanden jedoch kaum Widerhall. So wurde Europa nicht durch Kreuzfahrer, sondern allein durch den Rückzug der Mongolen im Jahr 1242 gerettet.

Hülägü, ein weiterer Enkel Dschingiz Khans, rottete im Jahr 1256 die Assassinen von Alamut aus und nahm 1258 Bagdad ein. Der folgende Versuch, in Syrien einzufallen, scheiterte durch die Niederlage des Jahres 1260 gegen die Mamluken bei 'Ayn Dschalut (vgl. S. 108). Für die Kreuzfahrerstaaten war die Situation schwierig, denn der Feind der Mongolen, die Mamluken, war zugleich auch ihr eigener Feind. Schließlich betrachtete man die Mongolen als die größere Bedrohung und betrieb den Mamluken gegenüber eine Politik der wohlwollenden Neutralität.

Von 1262 an wandelte sich die Situation. Das Mongolenreich war in vier unabhängige, oft im Widerstreit liegende Khanate einzelner Zweige der Dschingizfamilie zerfallen: das Großkhanat von China, das Tschagataikhanat in Zentralasien, die Goldene Horde in Rußland sowie im Iran, Irak und in Teilen Kleinasiens das Reich der Ilkhane. Während sich die Goldene Horde mit den Mamluken verbündete, suchten die Ilkhane den militärischen Zusammenschluß mit den Christen. Diese Pläne blieben jedoch weitgehend ohne Folgen, da sich die Probleme der militärischen Zusammenarbeit über solch weite Entfernungen als unüberwindlich erwiesen. In der Folgezeit bekehrten sich die Mongolen des Ilkhanats zum Islam und schlossen 1322 mit den Mamluken Frieden.

Der Triumph des Islam

In der zweiten Hälfte des 13. Jh. verstärkte sich der militärische Druck der Mamluken auf die Kreuzfahrersiedlungen. Ihre letzten Vorposten sollten im Jahr 1291 hinweggefegt werden.

In den fünfziger Jahren des 13. Jh. waren die Muslime in Kairo und den muslimischen Städten Syriens mit internen Querelen beschäftigt, so daß den abendländischen Siedlern noch eine Zeit der vorläufigen Ruhe blieb. Die Mongoleninvasion des Jahres 1259 in Syrien (vgl. S. 111) richtete im muslimischen Hinterland großen Schaden an, und in den frühen sechziger Jahren erschien ein erneuter Einfall der Mongolen wahrscheinlich. Durch ihre Niederlage bei 'Ayn Dschalut im Jahr 1260 fiel jedoch fast das ganze ehemalige Aiyubidenreich an die Mamluken (vgl. S. 108). Im Jahr 1263 war es dem Mamlukensultan Baibars I. (1260–1273) somit möglich geworden, sich ganz den Kreuzfahrerstaaten zuzuwenden und eine erste Welle zerstörerischer Einfälle nach Galiläa zu befehlen. Kaum eines der folgenden Jahre verging ohne neue Attacken der Truppen von Baibars gegen die christlich besetzten Küstengebiete. Die Angriffe galten Städten, Vorstädten, Obstgärten, Feldern und Herden und zielten darauf ab, den Kreuzfahrerstaaten wirtschaftlichen Schaden zuzufügen. Systematisch wurden die Festungen der Christen erobert und viele von ihnen, die in Küstennähe lagen, bis auf die Grundmauern geschleift, so daß sie zukünftigen Kreuzzügen nicht mehr als Stützpunkt dienen konnten.

Als erste bedeutende Kreuzfahrerstädte fielen im Jahr 1265 Arsuf und Caesarea in die Hände der Mamluken. Mit der Eroberung Saphets durch die Truppen von Baibars (1266) gewannen sie ihren ersten befestigten Stützpunkt westlich des Jordans. Von diesem Zeitpunkt an diente die Stadt als mamlukisches Regierungszentrum (vgl. S. 108) und als Stützpunkt für Militäroperationen in den Süden. Im Jahr 1268 zerstörten die Mamluken Antiochia, die größte nördlich gelegene abendländische Siedlung.

Nach 1271 wandte Baibars seine Aufmerksamkeit Kleinasien zu. Doch wiederum wurde den Abendländern – durch den vom Tod Baibars' ausgelösten Nachfolgestreit und eine weitere Mongoleninvasion in Syrien (1280) – eine Zeit des Aufschubs gewährt. Auch die Abendländer waren zu diesem

Zeitpunkt in die Parteien König Hugos von Zypern und des sizilianischen Königs Karl von Anjou gespalten, die beide Anspruch auf den Thron von Jerusalem erhoben. Im Jahr 1285 setzte der neue Mamlukensultan Kalavun im Norden die Offensive gegen die Johanniter fort, die im Begriff standen, sich mit den Mongolen zu verbünden (vgl. S. 111). Aus Furcht vor einer Einnahme der Stadt durch die Genuesen ließ Kalavun 1289 Tripolis zerstören. Die Siedler baten den Westen um Hilfe, und im August 1290 kam eine aus 25 venezianischen und aragónesischen Galeeren bestehende Flotte an. Doch die Hilfe reichte bei weitem nicht aus und kam zu spät. Im März 1291 brach al-Aschraf Khalil, der Sohn und Nachfolger Kalavuns, mit einem großen Heer von Agypten aus auf. Truppenkontingente aus dem ganzen Mamlukensultanat schlossen sich an und standen zusammen mit dem Heer Khalils am 5. April vor Akkon. Ende Mai fiel die Stadt nach schrecklicher siebenwöchiger Belagerung. In den folgenden Monaten wurden die verbliebenen Siedlungen der Abendländer eine leichte Beute für die siegreichen Mamluken.

TEIL 3
KREUZZÜGE IM ZEITALTER DER RITTERKULTUR

Der Sieg der Mamluken in Palästina und Syrien im Jahr 1291 bedeutete keineswegs das Ende der Kreuzzugsbewegung, die nunmehr an verschiedenen Kriegsschauplätzen ihre Fortsetzung fand. Im 14. Jh. nahmen westeuropäische Kreuzfahrer an den regelmäßig im Sommer und Winter durchgeführten bewaffneten Einfällen der Deutschordensritter in das heidnische Litauen teil und kehrten sodann in das Hauptquartier des Ordens in Marienburg zurück. Die ausgedehnte Burganlage aus rotem Ziegelstein, die von weit her sichtbar war, bestand aus drei Höfen, die sich entlang des Flusses Nogat, eines Seitenarms der Weichsel, erstreckten. Nachdem der Besucher den äußeren Hof mit seinen Ställen, Werkstätten und Lagerhäusern sowie ein gewaltiges Tor durchritten hatte, gelangte er in den mittleren Hof. Vor ihm ragte das Hochschloß empor, der klösterliche Wohnsitz der Deutschordensritter, die gleich den Johannitern ein Leben in mönchischer Abgeschiedenheit gelobt hatten. Der Palast des Hochmeisters, der das Hochschloß mit der restlichen Festung verband, stand – vom Eingangsbogen aus gesehen – in der rechts gegenüberliegenden Ecke des mittleren Hofes. Zur Linken des Besuchers lagen die Wohnräume der Ritter in einem Trakt, der in der Kapelle endete, deren Besuch den Ordensrittern vorbehalten war. Die Wohnräume waren mit kunstvoll verzierten Fenstern prächtig ausgestattet. Gegenüber erstreckte sich über die ganze Länge des Hofes eine prachtvolle Eßhalle, die in den empfindlich kalten Wintern durch eine Fußbodenheizung beheizt wurde – zu ihrer Zeit eine technische Höchstleistung. Hier fanden die Festlichkeiten zu Beginn und Ende der Reisen statt, wie die

Feldzüge genannt wurden, die sich bei den Zeitgenossen größter Beliebtheit erfreuten. Jedes Bankett hatte einen Ehrentisch und Ehrenzeichen für die vornehmsten Gäste. Die Ritter des Deutschen Ordens führten eine „Tafelordnung" ein, die sich von der legendären Tafelrunde König Artus' ableitete. Die von den Deutschordensrittern demonstrierte Ritterlichkeit und der Kreuzfahrergeist besaßen eine starke Anziehungskraft. Tausende Adlige und Ritter reisten auf dem Landweg oder zur See nach Preußen; viele Wappenschilder geben davon Zeugnis, sei es in Glasfenstern oder aber an den Burg- und Kirchenmauern in Marienburg und Königsberg. Denselben Brauch gab es an der Küste Kleinasiens, bei den Johannitern in Rhodos. Hier hängten die Ritter bei einem Besuch ihre Schilder zur Erinnerung in einem „Haus der Ehre" auf. Ein eindrucksvolles Zeugnis derartigen heraldischen Gepränges findet sich heute noch am englischen Turm der Johanniterburg Bodrum (Kleinasien). An den Burgmauern hängen die Waffen König Heinrichs IV. und vier seiner Verwandten sowie weitere 19 Schilder, die den Beitrag führender Mitglieder des englischen Hofes zu den Kosten der Erbauung des Turmes deutlich machen.

Die goldene Aura ritterlicher Extravaganz zeigte sich auch bei den Zeremonien rund um die Kreuznahme. Dies gilt im besonderen für das Fest des Fasans in Lille (1454): Hier legten Herzog Philipp von Burgund und seine Mannen ihr Kreuzzugsgelübde ab und verpflichteten sich zum heldenhaften Kampf gegen die Türken, indem sie die Schwurhand über einen lebenden Fasanen mit goldenem Kragen hielten. Hierauf folgten ein Turnier und, während des Banketts, eine Folge kurzer Spielszenen, deren Höhepunkt in einem weinenden Mädchen bestand, das die unter den Freveltaten der Muslime leidende Kirche darstellte.

Das ritterliche Gehabe erscheint uns heute übertrieben und zügellos. Doch unter der Prunksucht verbarg sich eine länderübergreifende Kultur mit einem ernst zu nehmenden Weltbild, das sich, obgleich in ihm christliche Ideale Aufnahme fanden, in vielerlei Hinsicht von christlicher Frömmigkeit unterschied.

Manche Forscher vermuten, daß die Ritterkultur eine Art Antwort der Laien auf das Christentum der Kirchenmänner ist und die eher konventionelle Frömmigkeit als Haupttriebfeder der Kreuzzugsbewegung verdrängte. Die Tatsache, daß viele europäische Ritter ihren Kreuzzugswunsch in den zwar immer noch teuren, jedoch nicht so gefährlichen Reisen des Deutschen Ordens nach Litauen verwirklichten, legt diesen Verdacht nahe.

Dem widerspricht, daß viele in den Nahen Osten aufbrachen, um in noch kostspieligeren und risikoreicheren Unternehmungen zu kämpfen. In der Tat waren die Möglichkeiten für zukünftige Kreuzfahrer so vielfältig wie nie zuvor. Der Ritter in den „Canterbury Tales" Geoffrey Chaucers ist eine kunstvolle literarische Gestalt, in der sich das Rittertum der Zeit spiegelt. Er „reiste" in Preußen, wurde dort an die Tafel der Ehre berufen, kämpfte in Livland und Rußland und nahm in Spanien, Nordafrika und Kleinasien an Kreuzzügen teil. Chaucers Darstellung ist nur wenig übertrieben. Johann Boucicaut, der Marschall von Frankreich, nahm an Kreuzzügen in Preußen, Nordafrika, im Balkan und – zur See – im östlichen Mittelmeer teil. Heinrich Grosmont, der Herzog von Lancaster, zog nach Spanien und Preußen, nach Zypern und Rhodos. Aus den Berichten des englischen Court of Chivalry geht hervor, daß einzelne englische Adlige sowohl in Preußen als auch im Nahen Osten oder auf dem Balkan waren. Daneben gab es eine größere Anzahl Männer, die sich für einen einzigen Kriegsschauplatz zur Einlösung ihrer Verpflichtung entschlossen und nach Preußen, Südspanien, in den östlichen Mittelmeerraum, auf den Balkan oder nach Böhmen zogen.

Die Ritterkultur versah diese Unternehmungen mit Glanz. Sie motivierte die Ritter zur Kreuzfahrt und ihre Söhne zum Eintritt in die Ritterorden. Die Ritterkultur steigerte und verstärkte somit die dem Kreuzzugsgedanken innewohnende traditionelle Frömmigkeit, trat jedoch nicht an deren Stelle.

Rittertum ist normalerweise mit Kriegsführung auf dem Land verbunden. Ritter kämpften auf Schlachtrossen in Spanien und Osteuropa. Manchmal ließen sie sich zu jenen gleichermaßen waghalsigen wie nutzlosen Aktionen hinreißen, die ein charakteristisches Merkmal des 14. Jh. sind. In Halmyros etwa griffen sie in morastigem Gelände an oder aber, wie in Nikopolis, bergaufwärts in einem Wall von ungespitzten Pfählen. Alle Kriegsschauplätze waren mit schwerbefestigten Stützpunkten übersät, die mit Rittern und Söldnertruppen besetzt waren. Das beste heute noch erhaltene Beispiel ist die Stadt Rhodos, die im frühen 15. Jh. eine der stärksten Festungen der Welt war.

Nach dem Verlust Festlandpalästinas (1291) und dem Rückzug der katholischen Regierungen auf die Inseln Zypern, Kreta, Naxos, Chios, Lesbos und Rhodos wurden die Kreuzzüge des Orients zu Seekriegen. Krieg zur See wurde mit Galeerenflotten geführt, die das Mittelmeer von einem befestigten Vorposten zum nächsten durchstreiften. Diese Art der Kriegsführung blieb bis in das 17. Jh. vorherrschend. Eine führende Rolle nahmen hierbei die Johanniter ein. Innerhalb weniger Monate nach ihrer Evakuierung aus Palästina versammelten sie mit päpstlicher Hilfe eine Kriegsflotte und besaßen um das Jahr 1300 10 Galeeren unter dem Kommando eines Admirals. Auf Rhodos und später auf Malta bestand ihre Flottille zumeist aus sieben oder acht Galeeren. Auf einer dieser Galeeren leisteten die jungen Ritter des hl. Johannes ihre caravans, d.h. eine Dienstzeit zur See, ab, die sie zur Beförderung qualifizierte. Die Galeeren der Johanniter schlossen sich mit denen anderer Mächte in den Flotten jener Ligen zusammen, die seit dem 14. Jh. Bestandteil der Kreuzzugsbewegung waren. Mit Adramyttium (1334), Smyrna (1344), Lampsacus (1359), Mitylene (1457), Antalya und Smyrna (1472) wurde eine Tradition von Siegen der Kreuzzugsligen begründet, die bis Lepanto (1571) reichte.

Den Johannitern waren die meisten westlichen Besitzungen des aufgelösten Templerordens, der dem Papier nach der reichste religiöse Orden der Christenheit war, übergeben worden. Aber die zur Aufrechterhaltung der Festungen und Flotten notwendigen Finanzmittel waren enorm. Dies erklärt, wieso sich die Johanniter stets am Rande des Bankrotts befanden, obgleich sie sich zu den effektivsten Vermögensverwaltern des Mittelalters entwickelten.

Auf Rhodos und in Preußen fand in der Gründung von Ordensstaaten eine für das Spätmittelalter charakteristische Entwicklung ihren Niederschlag. Sie entsprang der tiefen Krise der Kreuzzugsbewegung im frühen 14. Jh. Verzweiflung und illusionärer Enthusiasmus erfaßten die Menschen in Europa. Soldaten, Könige und Möchtegernstrategen ließen Denkschriften zur Rettung des Hl. Landes zirkulieren. Dieses Ziel war jedoch mit den für Westeuropa bereitstehenden Ressourcen und logistischen Möglichkeiten nicht zu verwirklichen, zumal nun auch der Brückenkopf in Palästina verlorengegangen war.

Die militärischen Katastrophen der Kreuzzugsbewegung wurden auf die Sündhaftigkeit der Kreuzfahrer zurückgeführt. Es verwundert nicht, daß dieses Argument auch gegen die Ritterorden vorgebracht wurde. Denn gleich anderen mächtigen Einrichtungen zogen die Ritterorden seit über hundert Jahren Kritik auf sich. Geläufige Beschuldigungen waren, daß sie für die Kreuzzüge bestimmte Gelder zurückhielten oder aber daß ihre Rivalität und Selbstsucht die Rückeroberung des Hl. Landes verhinderten. Diese Kritik war sachlich nicht gerechtfertigt, wurde jedoch mit solcher Beharrlichkeit vorgetragen, daß man seit den siebziger Jahren des 13. Jh. die Union von Templern und Johannitern forderte – eine Überlegung, der sich seit 1291 auch das Papsttum anschloß.

Letztendlich fielen allein die Templer der Kritik zum Opfer, doch während des ganzen 14. Jh. riefen die Päpste auch die Johanniter immer wieder zur inneren Reform auf. Ein Papst drohte sogar, die Reform selbst durchzuführen, wenn der Orden hierzu nicht fähig sei. Auch der Deutsche Orden geriet in Schwierigkeiten und wurde nicht ohne Grund der Korruption und Brutalität sowie des Versagens bei der Verteidigung Livlands und der Behinderung des Missionswerks bezichtigt. Stets wurde beklagt, daß die brutale Vorgehensweise der

Deutschordensritter auf die Heiden abschreckend wirke und so deren Bekehrung beträchtlich erschwere.

Es war kein Zufall, daß die Johanniter und Deutschordensritter im Jahr 1309, als die Templerkrise auf ihrem Höhepunkt stand, ihre Hauptquartiere nach Rhodos bzw. Preußen verlegten. Auf diese Weise schufen sie Bedingungen, die zum Funktionieren ihrer Einrichtungen unerläßlich waren und auch für Außenstehende als sinnvoll und effektiv erschienen. Die Ordensstaaten wurden von Einheimischen und Kolonisten bewohnt und von den Meistern des Deutschen Ordens bzw. der Johanniter regiert. Den Deutschordensrittern und Johannitern war es hier möglich, relativ unabhängig von äußerer Einflußnahme zu agieren. Im Jahr 1226 wurde dem Hochmeister des Deutschen Ordens vom Kaiser der Rang eines Reichsfürsten verliehen. Acht Jahre später erkannte der Papst Preußen als päpstliches Lehen an. Die Besitzungen der Johanniter auf Rhodos, die sie sich seit 1306 aneigneten, unterlagen keinen so klaren Definitionen. Entsprechend war die rechtliche Position der Deutschordensritter stärker, was erklären mag, daß die Johanniter im Spätmittelalter in weit stärkerem Maß als die Deutschordensritter päpstliche Interventionen hinnehmen mußten. Freilich ist zu bedenken, daß sie sich im Vergleich zu den Rittern des Templerordens in einer exponierteren, gefährlicheren und mit größeren finanziellen Aufwendungen verbundenen Stellung befanden und so mit gewisser Zwangsläufigkeit die größere Aufmerksamkeit auf sich zogen.

Auf Rhodos entwickelten die Meister (seit 1489 Großmeister) der Johanniter eine effektiv funktionierende Kanzlei, prägten ihre eigenen Münzen, sandten Botschafter an die Höfe der übrigen Christenheit und gewährten (vielleicht seit dem frühen 15. Jh.) Ehrenritterwürden an Laien, die sich dem Orden in einer Bruderschaft verbanden.

In der Praxis verhielten sich die (Groß-)Meister der Johanniter in gleicher Weise wie die des Deutschen Ordens, d.h. als unabhängige Fürsten, so auch auf der Insel Malta, die ihnen nach dem Verlust von Rhodos im Jahr 1530 übergeben wurde, obgleich Malta ein Lehen des Königreichs Sizilien war. Dies führte 1753 zu einer politischen Krise, in der König Karl VII. von Neapel seine Herrschaftsrechte beanspruchte. Im Jahr 1607, 400 Jahre nach dem Deutschen Orden, wurde auch dem Großmeister der Johanniter der Titel eines Reichsfürsten zugestanden, der eine gewisse Landeshoheit mit sich brachte. Dieser Prozeß fand mit Manuel Pinto (Großmeister von 1741 bis 1773) seinen Abschluß, der die Königskrone nahm und sich somit zum Landesherrn proklamierte.

Die Kreuzzugsbewegung überlebte die Krise des frühen 14. Jh., weil sie die übermächtige Ritterkultur in einem romantisch-beschönigenden Licht erscheinen ließ. Weit wichtiger jedoch war, daß immer noch Gründe zu ihrer Notwendigkeit angeführt werden konnten. So wuchs der Bedarf an effektiv geführten Kreuzzügen durch die schnelle Expansion der osmanischen Türken, die einer kleinen muslimischen Grenzbaronie in Kleinasien entstammten. 1348 hatten sie bereits einen Brückenkopf in Europa errichtet, und seit dieser Zeit war ihr Vorrücken – abgesehen von einer zwanzigjährigen Atempause, die im frühen 15. Jh. vom Einfall der Mongolen in Kleinasien ausgelöst wurde – unaufhaltsam.

Ab 1370 erregte die Bedrohung die Aufmerksamkeit der Päpste, die die nächsten dreihundert Jahre zahlreiche zur Verteidigung der Christenheit aufrufende Appelle an das Abendland richteten. Die Appelle wurden eindringlicher, als sich die Osmanen dem Herzen Europas näherten und für ein Jahr (1480–81) sogar Otranto, eine Stadt im äußersten Süden Italiens, besetzt hielten. Zur Zeit der türkischen Belagerung Wiens (1683) war Innozenz XI. Papst, der an Eifer für den Krieg gegen die Ungläubigen seinen Vorgängern im 13. Jh., Innozenz III. und Gregor X., in nichts nachstand.

Um 1500 befand sich die Kreuzzugsbewegung im Niedergang. Die Umwandlung der europäischen Königreiche in souveräne Nationalstaaten widersprach dem überstaatlichen Universalismus, der ein unverzichtbares Merkmal der Kreuzzugsbewegung gewesen war. Dasselbe gilt für die Entwicklung der Diplomatie, einer Form des internationalen Austausches, die zugleich die Verschiedenheit und Eigenständigkeit eines jeden Staates unterstreicht.

Eine Teilantwort auf die wachsenden nationalen Anforderungen war die Gründung der Ligen. Diese führten bis ins späte 17. Jh. Kreuzzüge auf den Kriegsschauplätzen des östlichen Mittelmeers. Die Soldaten und Matrosen konnten das Kreuz nehmen und somit in den Genuß der Kreuzzugsprivilegien, einschließlich des Ablasses, kommen. Die Päpste gewährten ihnen die Erträge aus den erhobenen Kreuzzugssteuern. Es muß allerdings betont werden, daß die militärischen Unternehmungen der Ligen eigentlich keine Kreuzzüge waren; letztere waren Kriege gewesen, die ihre Berechtigung aus der Verteidigung der Christenheit ableiteten und von Streitkräften geführt wurden, welche die Christenheit als Ganzes repräsentierten. Die Ligen hingegen waren Zusammenschlüsse einzelner christlicher Mächte, die oft eine gegen sie selbst gerichtete Bedrohung abzuwehren hatten und ihre hierzu notwendigen militärischen Unternehmungen mit den Privilegien des Kreuzzuges versahen.

Trotz dieser Anpassung der Kreuzzugsidee an die neuen politischen Verhältnisse konnte der allmähliche Niedergang nicht aufgehalten werden. Das noch im frühen 14. Jh. bestehende Interesse der Massen an den Kreuzzügen nahm ab. Bis zum Jahre 1500 war man ihnen gegenüber weitgehend gleichgültig geworden. Desgleichen nahm im späten 15. Jh. auch das Interesse derjenigen Könige, Adligen und Ritter ab, die nicht in der Nähe der verbliebenen Kriegsschauplätze wohnten. Dennoch verging im 14. und 15. Jh. kaum ein Jahr, in dem nicht irgendwo ein Kreuzzug geführt wurde. Und im 16. Jh. sollten Kreuzzüge wiederum eine bedeutende Rolle spielen.

Die Kreuzzugsbewegung in der Krise

Der Kreuzzug, der nie stattfand

Ungeachtet des Falls von Akkon (1291) wurden zahlreiche Pläne zur Rückeroberung des Hl. Landes geschmiedet. Einer der detailliertesten Pläne stammte von dem venezianischen Adligen Marino Sanudo.

Während des ganzen 13. Jh. wurde das Abendland von Schriften überflutet, die die Wiederherstellung der christlichen Herrschaft über Palästina zum Inhalt hatten. Einige dieser Pläne waren nichts als Hirngespinste, andere wiederum stellten detaillierte und sachkundige Untersuchungen über die militärische Durchführbarkeit solcher Unternehmungen dar. Weitere Pläne widmeten sich dem ehrgeizigen Entwurf einer weltweiten politischen Neuordnung. Die meisten dieser Arbeiten entstanden vor 1340, d.h. unter dem Eindruck des Verlustes des Hl. Landes. Zentren des Kreuzzugsgedankens waren die Höfe der Päpste und der französischen Könige. Höflinge und bürgerliche Bedienstete – wie Wilhelm von Nogaret (ca. 1311), Wilhelm Durand der Jüngere (1319?) und Guido von Vigevano (1335) – wurden direkt oder indirekt von der Regierung zur Arbeit an solchen Plänen ermutigt. Missionare, Kleriker und Laien, die mit den Verhältnissen im Nahen Osten vertraut waren – wie Wilhelm d'Adam (ca. 1313) und der armenische Fürst Hayton (1307) –, gaben sachkundige Ratschläge. Ebenso kam den Militärexperten – wie dem Templermeister Jakob von Molay und dem Johannitermeister Fulko von Villaret – ein Mitspracherecht zu.

Der umfassendste Plan stammte von dem Venezianer Marino Sanudo Torsello (1270–1343), einem Verwandten der Herzöge von Archipelagos (vgl. S. 87). Er brachte viel Zeit und Sorgfalt auf, um seinen Plan einer politischen und ökonomischen Herrschaft der Christen im östlichen Mittelmeerraum zu entwerfen. Seine Überlegungen zielten auf das mamlukische Ägypten ab, dessen Machtstellung durch ein Handelsembargo, durch politische Allianzen und militärischen Druck geschwächt werden sollte. Der Plan sah die Eroberung Ägyptens durch ein kleines, gut ausgebildetes Expeditionsheer vor, das auf dem Seeweg nach Ägypten gelangen und dem auf dem Landweg ein Massenheer nach dem Vorbild des 1. und 3. Kreuzzuges folgen sollte.

Andere Pläne, wie die des katalanischen Mystikers aus dem frühen 14. Jh., Raimund Lullus, und des französischen Autors Pierre Dubois, entstammten weniger militärischen Überlegungen als der theologischen Reflexion. Manche Autoren – wie Pierre Dubois und Philipp von Mézières (1327–1405) – sahen die Eroberung des Hl. Landes als die Aufgabe eines neuen vereinigten Ritterordens an, wobei den Johannitern auf Rhodos eine entscheidende Rolle zugesprochen wurde.

Neben einem Handelsembargo gegen Ägypten wurden Allianzen mit weiter östlich gelegenen Mächten vorgeschlagen. Dies belegt den erweiterten Horizont, den das Abendland seit den Reisen der Missionare und Händler im 13. Jh. besaß (vgl. S. 102 u. 105). Dennoch mangelte es an Einsicht in die Bedeutung des Vorstoßes der Osmanen in der zweiten Hälfte des 14. Jh., so daß all diese Entwürfe letztlich unrealistisch erscheinen. Noch im Jahre 1505, d.h. zu einem Zeitpunkt, da solche Pläne gänzlich illusionär waren, übersandte der portugiesische König dem englischen König Heinrich VII. ein „Büchlein" mit Anweisungen zur Rückeroberung Jerusalems. Auch wenn all diese Pläne an der politischen Realität scheiterten, so belegen sie doch mit Nachdruck die innere Realität, die der Kreuzzugsgedanke für die Menschen des Abendlandes weiterhin besaß.

Der Fall der Templer

Macht und Wohlstand des Templerordens zogen Neid und Mißtrauen auf sich. Als König Philipp IV. die Tempelritter unter die Anklage der Häresie stellte und verhaften ließ, zog dies den raschen Sturz des Ordens nach sich.

Die Beschuldigungen, die auf den Verlust Akkons (1291) folgten, trafen unvermeidlich auch den Templerorden, der seine Berechtigung aus der Kriegsführung im Hl. Land ableitete. Zur Reform des Ordens wurde vorgeschlagen, ihn mit den Johannitern zu verschmelzen oder aber ihm eine neue Führerschaft von außen, etwa aus dem Kreis des französischen Königshauses, zu geben. Im Oktober 1307 verfügte König Philipp IV. die sofortige Verhaftung aller Templer in Frankreich. Man beschuldigte sie einer obszönen häretischen Einweihungszeremonie für neue Ritter, die u.a. die Verleugnung Christi und die Anspeiung des Kreuzes umfasse. Unter der Folter gestanden zwar die meisten Ritter die ihnen angelasteten Vergehen, später jedoch widerriefen sie ihre Aussagen.

Papst Clemens V., den man übergangen hatte, war empört. Die Verhaftung von Mitgliedern eines exemten Ordens stellte einen schweren Affront gegen die Autorität des Papstes dar. Im November 1307 versuchte Papst Clemens die Angelegenheit an sich zu ziehen, indem er die Gefangensetzung der Templer in den übrigen Ländern anordnete. Im Jahr 1312 hob der Papst auf dem Konzil in Vienne den Orden auf und übertrug seine Ländereien den Johannitern. Im März 1314 wurden der Großmeister des Ordens, Jakob von Molay, und der Komtur der Normandie, Gottfried von Charney, von den Schergen des Königs in Paris auf dem Scheiterhaufen verbrannt. Auf der Iberischen Halbinsel erlaubte der Papst, Besitzungen des Templerordens zur Gründung neuer Orden zu verwenden. So gingen in Aragón die Templerbesitzungen auf den Orden von Montesa, in Portugal auf den Christusorden über.

Die Niederschlagung der Templer verursachte einen Skandal, der weite Kreise zog. Viele Herrscher Europas und weite Teile der gebildeten Bevölkerung glaubten nicht an die Schuld der Templer. Philipp IV. nutzte die Affäre zur Durchsetzung der königlichen Oberherrschaft. Über zwei Drittel der Häuser des Templerordens befanden sich in seinem Machtbereich. Sie lagen in den fruchtbaren Landwirtschaftsgebieten des Nordens, in Schlüsselstellungen für den Handel (wie z.B. die Champagne) und entlang der lebenswichtigen Route zum Mittelmeer und stellten einen großen finanziellen Anreiz für Philipp IV. dar.

Weiterwährende Traditionen in Europa

Der siegreiche Abschluß der Reconquista in Spanien

Der Bürgerkrieg in Spanien verzögerte die Eroberung von Granada, des letzten muslimischen Reiches in Spanien. Erst die Union zwischen Aragón und Kastilien (1479) bedeutete das Ende Granadas

Die Reconquista der letzten zwei Jahrhunderte war durch ein immer wieder unterbrochenes jedoch stetiges Vorrücken der Christen gekennzeichnet. Das Königreich Granada war ein Lehen Kastiliens. Aber die Gebirge und Festungen des Landes, seine zum Widerstand entschlossene Bevölkerung sowie das diplomatische Geschick der Sultane ermöglichten bis 1492 die Unabhängigkeit.

Marokko wurde inzwischen vom Stamm der Mariniden (oder Banu Marin) regiert, die strenggläubige Muslime waren. 1275 begannen sie einen Heiligen Krieg gegen Spanien. Der Sultan von Granada überließ ihnen Stützpunkte an der Straße von Gibraltar, von wo aus sie in das Tal des Flusses Guadalquivir einfielen. Obgleich sie keine Städte eroberten, lenkten sie den kastilischen König von Granada ab. Freiwillige aus Marokko halfen bei der Verteidigung der Grenzen Granadas und bei der Rückeroberung einiger Städte aus den Händen der Christen.

Aragón und Portugal hatten ihre Beteiligung an der Reconquista bis dahin weitgehend eingestellt. 1340 verbündeten sich jedoch Alfons IV. von Portugal und Alfons XI. von Kastilien.

Ihre Truppen schlugen die Muslime am Fluß Salado. Dies führte zur Einnahme von Algeciras (1344), mit der die marokkanischen Einfälle endeten. Aber seit 1350 herrschte Bürgerkrieg in Kastilien, der den Truppen Granadas die Einnahme und Plünderung Jaéns und anderer Städte ermöglichte.

Nach 1388 erlangte Kastilien seine alte Stärke wieder. 1410 wurde Antequera eingenommen, 1431 die Truppen des Sultans bei La Higueruela geschlagen. In der Folgezeit wurden Granada und Kastilien bis 1480 von Bürgerkriegen erschüttert, so daß an der Grenze nur Scharmützel stattfanden. Hier hielten die Ritterorden von Calatrava und des hl. Jakobus (vgl. S. 52) Burgen, die die Einfallswege zwischen Granada und Kastilien kontrollierten. Auch vornehme Familien wie die Guzmáns und Fajardos lieferten sich endlose Scharmützel mit den Muslimen, eroberten Burgen, nahmen Sklaven und rissen sonstige Beute an sich. Wie schon in den vorangegangenen Jahrhunderten wurde der Kampf durch ausländische Kreuzfahrer und durch päpstliche Kreuzzugsbullen, -ablasse und Zuschüsse unterstützt. Doch arbeiteten die christlichen Ritter auch mit Granada zusammen, um die Verbrechen an der Grenze zu bekämpfen.

Im Jahr 1479 erbten König Ferdinand V. und Königin Isabella Aragón. Die Vereinigung Spaniens bedeutete das Ende des muslimischen Reiches von Granada. Zwischen 1482 und 1492 wurde es in einem mit alten Kreuzzugstechniken und modernen Geschützen geführten Krieg erobert und die achthundertjährige Herrschaft der Muslime in Spanien beendigt.

Der Deutsche Orden

Macht und Ansehen der Ritter des Deutschen Ordens erreichten im 14. Jh. ihren Höhepunkt. Der preußische Ordensstaat bildete die Grundlage der Vorherrschaft des Ordens im baltischen Handel sowie die Basis seiner Einfälle nach Litauen.

Der Verlust des Hl. Landes im Jahr 1291 beraubte die Ritterorden ihrer dortigen Besitzungen und zugleich ihrer wichtigsten Existenzberechtigung, der Verteidigung des Nahen Ostens. Der Orden der Templer wurde aufgelöst, die Johanniter fanden auf Rhodos eine neue Operationsbasis. Der Deutsche Orden, der bereits zuvor ausgedehnte Besitzungen in Preußen, Pommern, der Neumark und in Livland besaß (vgl. S. 73), machte Preußen zum Zentrum seines Ordensstaates. Im Jahr 1309 verlegte er sein Hauptquartier nach Marienburg.

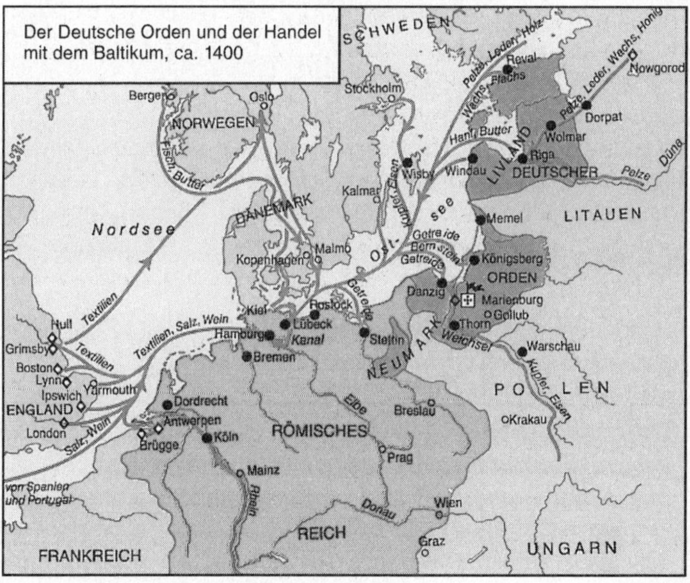

Der Deutsche Orden und der Handel mit dem Baltikum, ca. 1400

Von ihren preußischen Festungen aus regierten die Oberen des Ordens ein komplexes Gesellschaftsgefüge. Die Oberschicht wurde von deutschen Patriziern und vom polnischen und deutschen Landadel gebildet. Die Bauernschaft setzte sich aus relativ privilegierten Deutschen und unterprivilegierten Preußen zusammen, die auf den ausgedehnten Besitzungen des Ordens arbeiteten. Die Ritter bildeten eine mit Verwaltungsaufgaben betraute Klasse und blieben über ein ausgeklügeltes Kuriersystem miteinander in Verbindung.

Das landwirtschaftlich ertragreiche Land Preußen und die Verbindung des Deutschen Ordens mit dem Handel der Hanse bewirkten, daß der Orden im 14. Jh. zu beträchtlichem Wohlstand gelangte. Viele ausländischen Ritter (unter ihnen König Johann von Böhmen, Heinrich von Lancaster und Heinrich von Derby, der spätere englische König Heinrich IV.) fühlten sich von Preußen angezogen und nahmen an den „Reisen" genannten Einfällen des Ordens in das heidnische Litauen teil.

In der Folgezeit wurde der Ordensstaat durch die Bekehrung der Litauer zum Katholizismus und ihre Union mit Polen unterhöhlt. Im Jahr 1410 fügten die Heere der Polen und Litauer dem Deutschen Orden bei Tannenberg eine vernichtende Niederlage zu. Der Hochmeister, die meisten ranghöchsten Ritter und 400 Ritterbrüder wurden getötet. Die als Kriegsfolge zu leistenden immensen Entschädigungszahlungen zwangen den Deutschen Orden zu einer rigiden Finanzpolitik, die auch die Rechte betraf, die der Orden großzügig gewährt hatte, um Siedler nach Preußen zu ziehen.

Nur wenige Heiden waren noch zu bekämpfen, so daß der Orden zum Ruhesitz des deutschen Kleinadels zu werden schien. Im Preußischen Bund, einer Verbindung zwischen deutschen Patriziern und dem Landadel, formierte sich die Opposition gegen den Orden. Als König Wladislaw von Polen den Krieg gegen den Orden wieder aufnahm, entschloß sich der Bund zum Sturz des Ordens. Der hieraus resultierende dreizehnjährige Krieg (1454–1466) hatte den Verlust der blühenden westpreußischen Gebiete an Polen zur Folge. Der Hochmeister war nun ein Vasall des polnischen Königs, und Marienburg wurde von den Söldnern des Ordens, die auf diese Weise ihren ausstehenden Lohn eintrieben, an Polen verkauft.

Die Hussitenkreuzzüge

Im Jahre 1415 war Jan Hus verbrannt worden. Dennoch wurde seine Lehre zum Zentrum einer nationalistischen Bewegung, die selbst durch fünf Kreuzzüge nicht unterdrückt werden konnte.

Die Kreuzzüge waren die Antwort auf eine Entwicklung in Böhmen, in der sich religiöse, nationalistische und politische Elemente verbanden. Während der Regierungszeit des schwachen Königs Wenzel IV. erstarkte zusammen mit dem böhmischen Nationalgefühl eine häretische Bewegung, die ihren Namen und einen großen Teil ihrer Glaubensinhalte von Jan Hus (ca. 1369–1415) ableitete. Die Verbrennung des Jan Hus konnte die als häretisch gebrandmarkte Bewegung der Hussiten nicht unterdrücken, die u.a. eine Reform des Klerus und die Überprüfung der weltlichen Güter der Kirche forderte.

Auf Wenzel, der 1419 starb, folgte sein Bruder, König Sigmund von Ungarn. Sigmund war der gewählte König des Römischen Reiches, hatte sich aber dennoch mit Widerstand gegen seine politische Autorität auseinanderzusetzen, der durch das Anwachsen abweichender religiöser Vorstellungen und antideutscher Gefühle verstärkt wurde. Er griff daher bereitwillig den Vorschlag Papst Martins V. auf, mit dem Beistand der deutschen Fürsten einen Kreuzzug gegen die Hussiten zu führen und auf diese Weise Böhmen zu unterwerfen. Im Jahr 1420 erreichte Sigmund Prag und wurde auf der königstreuen Festung Burg Hradschin gekrönt. Im folgenden Jahr wurde Sigmund in Vitkov und Vyšehrad geschlagen und mußte Böhmen bereits im Frühjahr 1421 wieder verlassen.

Dieser Feldzug war der erste von fünf großen Kreuzzügen, die alle ihr Ziel, die Unterwerfung der Hussiten, nicht erreichten. Die Kreuzfahrer hatten Verbündete in den deutschen katholischen Städten Westböhmens und den Vorteil, daß eine tiefe Kluft zwischen den gemäßigten Hussiten und den radikalen Taboriten im Süden bestand. Es mangelte ihnen jedoch an kompetenten Führern und an Kampfmoral. Die Hussiten hingegen besaßen in Jan Žižka und Andreas Prokop hervorragende Führer. Ihre Anwendung neuen taktischen Kriegsgeräts hatte für die Kreuzfahrer verheerende Folgen. Dies trifft besonders auf die als mobile Barrieren verwendeten Kriegswagen zu, die mit Armbrüsten, Kanonen und Handfeuerwaffen bestückt waren.

Angesichts dessen blieben die Kreuzzüge von 1427 und 1431 fast gänzlich wirkungslos. Seit 1427 wurde die geschickte Verteidigung Böhmens durch eine Serie folgenschwerer Einfälle in das benachbarte deutsche Gebiet noch effektiver. Unfähig, seinen Untertanen den königlichen Willen aufzuzwingen, mußte sich Sigmund im Jahr 1436 widerwillig in den Kompromiß mit ihnen fügen.

Insel- und Küstensiedlungen

Die Revolution im Schiffsbau

Die Kreuzzüge machten das Mittelmeer für die europäische Schiffahrt sicherer, die ihrerseits das Überleben der Kreuzfahrerstaaten sicherte.

Der Handelsaufschwung im 12. Jh. (vgl. S. 102) machte Schiffe notwendig, die einen großen Laderaum besaßen und hochseetüchtig waren. Seit die Einnahme Mallorcas durch Kreuzfahrer aus Aragón und Katalonien (vgl. S. 71) bewiesen hatte, daß die muslimischen Flotten schlagbar waren, entwickelte sich der Schiffsbau rapide. Um 1277 bauten die Katalanen und Italiener Schiffe, die stabil genug waren, gegen die starke östliche Strömung durch die Straße von Gibraltar zu segeln. Dies eröffnete neue Seestraßen, die Italien mit Flandern und England mit der Atlantikküste Marokkos verbanden.

Die traditionelle Galeere war ein schnelles, tiefgebautes Schiff, das durch Ruder und Segel angetrieben wurde. Um die hohe See des Atlantiks zu bewältigen, wurde das Schiff größer, mit höherem Dolbord, das die Gefahr der Überspülung des Decks verringerte. Das Resultat dieser Veränderungen war im Grunde ein neues Schiff: die große Galeere des 14. und 15. Jh. Die Mittelmeerkogge wurde ebenso vergrößert. Dieses robuste rundbauchige Lastschiff transportierte Getreide, Öl, Wein und Alaun vom Schwarzen Meer bis nach Brügge.

Der Aufschwung in der Schiffahrt veränderte auch die Navigationsinstrumente. Der Kompaß war im Mittelmeerraum schon vor 1200 bekannt, fand jedoch in einem Zeitalter, da die

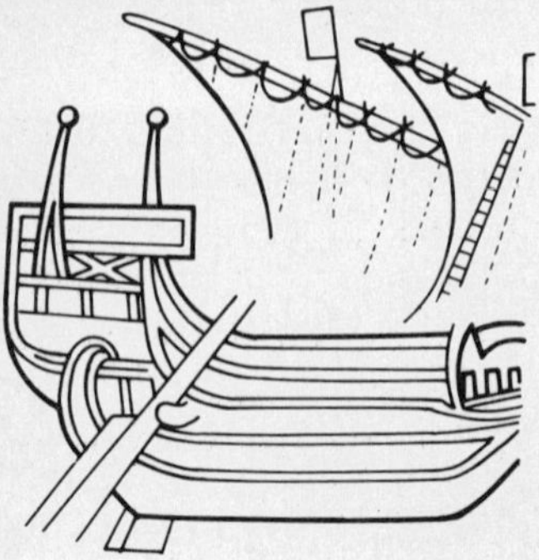

Genueser Rundschiff, 1187

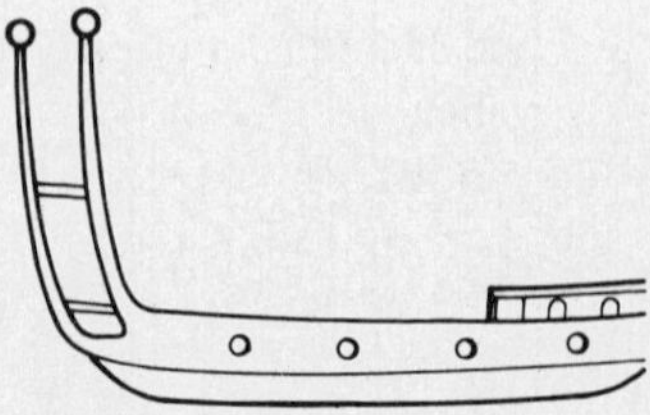

Genueser Galeere, 1175

Pisaner Rundschiff
des 13. Jahrhunderts

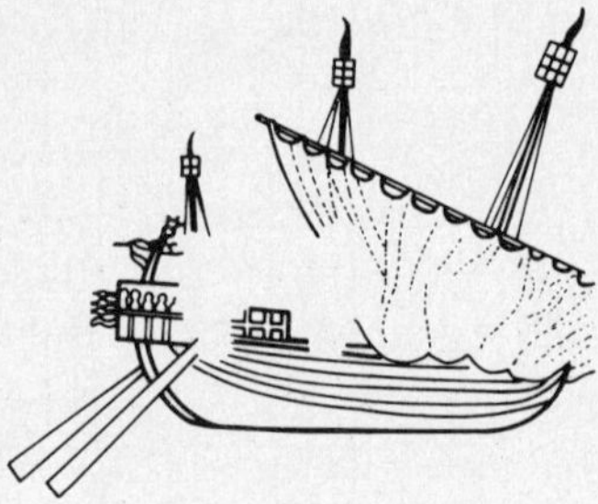

Dreimastiges Rundschiff des
13. Jahrhunderts aus Venedig

Große Galeere
des 15. Jahrhunderts

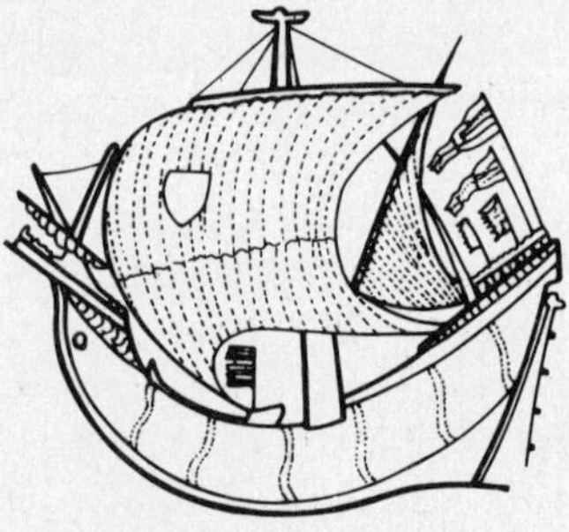

Portugiesische Karracke
des frühen 15. Jahrhunderts

meisten Schiffe dicht an der Küste entlangsegelten, nur eingeschränkt Verwendung. Die Kartographie blühte auf. Um 1320 wurden in Venedig und auf Mallorca exakte Seekarten gezeichnet. Handelshandbücher, wie das des Florentiners Pegolotti, gaben detaillierten Aufschluß über die Steuerprivilegien in ausländischen Häfen.

Nach dem Fall Akkons (1291) war den Kreuzfahrern nur noch eine Reihe von Insel- und Küstensiedlungen geblieben, deren Existenz von der Schiffahrt abhing. Im Jahr 1309 verlegten die Johanniter ihr Hauptquartier nach Rhodos (vgl. S. 137), von wo aus sie die Handelsrouten in der Ägäis und im östlichen Mittelmeer kontrollieren konnten. Viele christliche Strategen waren zu dieser Zeit der Überzeugung, daß ein über Ägypten verhängtes Handelsembargo den Widerstand des Landes gegen einen neuen Kreuzzug schwächen werde. Die Päpste drohten Kaufleuten, die das Embargo durchbrachen die Exkommunikation an und gaben den Johannitern die Erlaubnis, Schiffe abzufangen und ihm Ladung zu beschlagnahmen. Die Effektivität der Blockade war zweifelhaft. Nutzen aus ihr zogen Hafenstädte wie Ayas und Famagusta, die als Vermittler zwischen christlichen und muslimischen Händlern fungierten, bis im Jahr 1344 das Embargo aufgehoben wurde.

Zypern unter den Königen der Lusignan-Dynastie

Unter den Königen der Lusignan-Dynastie wurde Zypern zu einem neuen pulsierenden Machtzentrum im Nahen Osten.

Nach der Eroberung Zyperns im Jahr 1191 (vgl. S. 60) verkaufte Richard I. die Insel an seinen Freund Guido von Lusignan, den vormaligen König von Jerusalem. Er gründete eine Dynastie, die bis 1489 über Zypern herrschen sollte. Guido führte weitere Siedler aus Palästina mit sich und unterwarf die Insel einem strengen Feudalsystem nach dem Vorbild des Königreichs Jerusalem, das die eingeborene griechische Bevölkerung im Stand der Dienstbarkeit hielt. Aus Furcht vor einem möglichen Machtzuwachs erlaubte er keinem Mitglied des Adels, eine eigene Burg als Teil des Lehens zu unterhalten.

Trotz des Bürgerkriegs der Jahre 1229–1233 (vgl. S. 95) führten die politische Stabilität und die günstige Lage bald zu beträchtlichem Wohlstand auf Zypern. Nikosia, die Hauptstadt der Lusignan-Könige, wurde zur glänzendsten Stadt des Nahen Ostens. Ursprünglich war Limassol der wichtigste Hafen der Insel gewesen. Gegen Ende des 13. Jh. jedoch wurde diese Funktion von Famagusta übernommen. Famagusta befand sich in idealer Lage für den Handel mit dem kilikischen Armenien und den Häfen Nordsyriens und vermochte auf diese Weise großen Wohlstand zu erringen.

In den Bergen im Norden Nikosias lagen drei mächtige Burgen, die der Zeit entstammten, als Zypern unter byzantinischer Herrschaft stand: St. Hilarion (die den Paß von Kyrenia kontrollierte), Buffavento und Kantara. Neben den Städten Famagusta und Kyrenia, die von mächtigen Verteidigungsanlagen umschlossen waren, gab es nur wenige befestigte Orte auf der Insel.

Die Ritterorden waren mit reichen Besitzungen ausgestattet, besonders im Süden der Insel, wo Weinbau betrieben wurde. Die Johanniter besaßen eine Komturei bzw. ein befestigtes Verwaltungszentrum in Kolossi; die Templer hatten in Gastria ihren Sitz. Nach dem Fall Akkons (1291) verlegten beide Ritterorden ihr Hauptquartier nach Zypern. Infolge der Auflösung des Templerordens (vgl. S. 125) wurden im 14. Jh. die Besitzungen der Templer den Johannitern übergeben, die hierdurch zu größtem Wohlstand gelangten.

Die lateinische Kirchenorganisation bestand aus dem Bischof von Nikosia und den Suffraganbischöfen von Paphos, Limassol und Famagusta. Der Prämonstratenserorden besaß eine große Abtei in Bellapaïs, und die Benediktiner hatten das alte orthodoxe Kloster in Stavrovouni übernommen. Dennoch blieb der größte Teil der Bevölkerung dem orthodoxen Ritus treu. Die orthodoxen Bischöfe waren den lateinischen unterstellt, doch konnten die Griechen ihre eigenen Klöster (wie z. B. das

Neophytos-Kloster bei Paphos) erhalten. Im 14. Jh. wurde eine orthodoxe Kathedrale in Famagusta im neuen gotischen Stil des Westens erbaut.

Mitte des 14. Jh. erreichte das Lusignan-Königreich unter Peter I. (vgl. S. 143) den Höhepunkt seiner Macht. 1373 leitete die Eroberung Famagustas durch die Genuesen ein Jahrhundert des Niedergangs ein. Die Invasion der Mamluken 1426 zwang die Zyprioten, die Oberlehnsherrschaft des Sultans von Ägypten anzuerkennen, bis im Jahr 1489 die Venezianer die Herrschaft über die Insel an sich rissen.

Die Johanniter auf Rhodos

Nachdem die Johanniter aus dem Hl. Land vertrieben worden waren, fanden sie auf der Insel Rhodos einen neuen Stützpunkt.

Nach dem Fall von Akkon (1291) zogen sich die Johanniter erst nach Zypern zurück und eroberten bis 1310 die byzantinische Insel Rhodos. Hier errichteten sie ihr Hauptquartier, wo die Brüder „aller Zungen", d.h. Sprachen, in ihren Herbergen innerhalb eines befestigten Areals, dem collachium, residierten. Stadt und Hafen waren befestigt. Abendländische und griechische Bauern siedelten sich an, da die Landbevölkerung der Insel unter dem Schutz des Ordens stand. Auch Kaufleute zogen zu, so daß sich auf Rhodos ein Handelszentrum entwickelte.

Die Besitzungen des Ordens im Abendland rekrutierten Ordensbrüder und stellten Gelder zum Unterhalt der (mehreren hundert) Brüder sowie der zur Verteidigung von Rhodos und den abhängigen Inseln notwendigen Söldner und Galeeren bereit. Die Komturei Zypern mit ihren reichen Zuckerplantagen in Kolossi steuerte weitere Gelder bei.

Der Großteil der Johanniter war französischer Herkunft, und das französische Papsttum zu Avignon unterstützte den Orden. Nach der großen Pest des Jahres 1348 und dem

Schisma von 1378 wurde es zusehends schwierig, Brüder zu rekrutieren und zu unterhalten. Für lange Zeit waren die Meister der Johanniter Franzosen; ab dem Jahr 1377 wurde die Leitung des Ordens internationaler.

Der Eroberung von Rhodos, Kos und anderen Inseln folgte eine Reihe Siege zur See, die die Flotte des benachbarten Emirats Mentesche zurückdrängten. Die Johanniter schlossen sich verschiedenen abendländischen Unternehmungen an, die ihren Höhepunkt in der Eroberung Smyrnas im Jahr 1344 (vgl. S. 141) fanden. Dies lenkte die türkische Expansion in Richtung Norden ab, so daß die Osmanen 1354 mit der Eroberung des Balkans begannen. Die Johanniter nahmen an Kreuzzügen wie denen nach Alexandria (1365) und Nikopolis (1396) teil und griffen besonders in den Jahren 1377 und 1397 auf dem festländischen Griechenland ein. Als Smyrna 1402 an den mongolischen Führer Timur fiel (vgl. S. 146), wurde der verlorene Stützpunkt durch die Burg Bodrum ersetzt.

Die Johanniter schlugen in den Jahren 1440 und 1444 schwere Attacken der Mamluken auf Rhodos zurück und widerstanden im Jahr 1480 der machtvollen Belagerung durch die Osmanen. Die Stadtmauern wurden beträchtlich verstärkt, um auch gegen schwere türkische Geschütze Schutz zu bieten. Letztendlich jedoch erwies sich der Angriff der Osmanen unter Sultan Bayazid als übermächtig. Die Johanniter widerstanden für geraume Zeit, aber als keine Hilfe kam, kapitulierten sie im Dezember 1522.

Das Ende der lateinischen Herrschaft in Griechenland

Nordwestlich Zyperns lagen die Kreuzfahrerstaaten Griechenlands. Ihre ohnehin ungesicherte Stellung wurde von außer Kontrolle geratenen Söldnern, von der selbstzerstörerischen Rivalität zwischen den Kreuzfahrerstaaten und dem Aufstieg des Osmanischen Reiches weiter unterhöhlt.

Zu Beginn des 14. Jh. bestanden die lateinischen Siedlungen in Griechenland aus dem Fürstentum Achaia, dem Herzogtum Athen und in der Ägäis aus dem Herzogtum Archipelagos sowie einer Anzahl Inselherrschaften (vgl. S. 87). Der Zusammenhalt dieser Siedlungen wurde im Jahr 1311 schwer erschüttert, als die katalanische Kompanie Walter von Brienne, den Herzog von Athen, mit einem großen Teil seiner adligen Gefolgsleute und Ritter niedermetzelte. Die Katalanen waren Söldner, die der byzantinische Kaiser zum Kampf gegen die Türken nach Kleinasien geholt hatte. Von der byzantinischen Enklave Philadelphia zogen sie nach Gallipoli und kamen um 1309 in Thessalien an.

Nach dem Sieg bei Halmyros gründeten die Katalanen ihren eigenen Staat mit den Zentren Theben und Athen. Sie erkannten die Oberherrschaft der königlichen Familie von Aragón an, so daß das Fürstentum Athen zu einem Teil des expandierenden aragónesischen Reiches wurde. Das Fürstentum Achaia hingegen war den Herrschern aus dem Haus Anjou über das Königreich Neapel untertan. So verwandelte die Ankunft der Katalanen Griechenland in eine weitere Region jenes Konflikts zwischen Aragón und Anjou, der bereits den Süden Italiens verheerte (vgl. S. 78).

Sowohl Athen als auch Achaia wurden von Konflikten zwischen rivalisierenden Mächten erschüttert. Achaia wurde von Byzantinern aus Mistra und periodischen Angriffen der Osmanen bedroht. Zwischen 1377 und 1381 regierten die Johanniter aus Rhodos das Fürstentum. Dann herrschten Söldner aus Navarra, von denen sich Peter von St. Superan im Jahr 1396 den Fürstentitel sicherte. Sein Nachfolger, Centfurione Zaccaria, wurde 1432 durch den byzantinischen Despoten von Mistra abgesetzt, was das Ende des Fürstentums Achaia bedeutete.

Im Herzogtum Athen nahmen die einfallenden Navarresen und Johanniter im Jahr 1379 Theben ein. Die katalanische Herrschaft über Athen blieb dennoch bestehen und endete erst mit Nerio Acciaiuoli, dem Herrscher über Korinth, unter dessen Führung das Herzogtum 1388 eingenommen wurde. Seine Nachfolger beherrschten das Herzogtum Athen, bis 1456 die letzten Reste der lateinischen Herrschaft über Griechenland von den vorrückenden Osmanen (vgl. S. 150) beseitigt wurden.

Die Inselsiedlungen waren langlebiger. Die Johanniter verteidigten Rhodos bis in das Jahr 1522 (vgl. S. 137), die Genuesen hielten Chios bis 1566 besetzt, während Kreta bis 1669 in venezianischer Hand blieb (vgl. S. 169). Genua; und Venedig, deren Schiffe die Verkehrsmittel der Region bildeten, zogen letztlich den dauerhaftesten Nutzen aus den lateinischen Siedlungen in Griechenland.

Neue Strategien, neue Feinde

Kreuzzugsligen in der Ägäis

Der Aufstieg der Türken in Kleinasien veranlaßte die Bildung von Kreuzzugsligen und somit eine neue Kreuzzugsstrategie.

Im frühen 14. Jh. sahen sich die abendländischen Herrscher Griechenlands und der Ägäischen Inseln (vgl. S. 87) mit einer neuen muslimischen Bedrohung konfrontiert. Aufgrund der Mongoleninvasion (vgl. S. 111) waren die alten Seldschukensultanate zusammengebrochen, und an ihrer Stelle entstand entlang der westlichen Küste Kleinasiens eine Gruppe türkischer Küstenemirate. Diese von der mongolischen Herrschaft unabhängigen Emirate wurden von Männern wie dem gefürchteten Urnur von Aydin regiert, die energische Vertreter des Heiligen Krieges waren und denen daher jede Gelegenheit zu Überfällen auf dem Land und besonders zur See willkommen war.

Die Abendländer, besonders die Venezianer, Zyprioten und Johanniter, bemühten sich gemeinsam um die Organisation von Seeligen als passende Antwort auf die muslimischen Angriffe. Sie appellierten erfolgreich an das Papsttum, den Ligen Kreuzzugsstatus zu gewähren, was eine neue Art von Kreuzzugsunternehmung zur Folge hatte. Nun wurden die mit dem Kreuzzug verbundenen Ablässe, Privilegien und Steuern einer relativ kleinen Flottille von Galeeren gewährt, die eine Gruppe von politischen Mächten für eine festgesetzte Zeit bereitstellte und finanzierte.

Obgleich viele Versuche zur Gründung von Kreuzzugsligen gemacht wurden, gelang dies nur in drei Fällen im 14. Jh. Die erste Liga machte im Jahr 1334 durch einen Sieg über die Türken nahe Adramyttium die Vormachtstellung der Abendländer zur See deutlich. Die zweite Liga, die unter der begeisterten Förderung von Papst Clemens VI. gegründet wurde, verfolgte erfolgreich noch ehrgeizigere Ziele. Im Jahr 1344 eroberte die Liga Smyrna und hielt den wichtigsten türkischen Hafen, der für Urnur von Aydin den Zugang zum Meer bildete, auch weiterhin besetzt. Die Einnahme dieses Hafens war einer der glänzendsten Erfolge der Kreuzzugsbewegung im 14. Jh. und weckte im Westen die größten Hoffnungen. Humbert II. der Dauphin von Viennois, rekrutierte in Norditalien Kreuzfahrer mit dem Ziel, ein Expeditionsheer nach Smyrna zu schicken. Dieser Plan wurde durch die Feindseligkeit der Genuesen vereitelt, die die Liga als ein venezianisches Unternehmen ansahen. Hinzu traten die Unzuverlässigkeit der venezianischen Verbündeten sowie die Tatsache, daß kein ausgearbeiteter Operationsplan bestand.

Erst 1359 entstand eine weitere Liga. In diesem Jahr vermochten die Truppen unter dem päpstlichen Legaten Peter Thomas einen bedeutenden Sieg bei Lampsacus zu erringen, so daß in der Folgezeit der Expansion Peters I. von Zypern entlang der Südküste Kleinasiens (vgl. S. 143) der Rücken gedeckt wurde.

In der zweiten Hälfte des 14. Jh. bewirkte der Aufstieg der Osmanen, daß die Küstenemirate in die Bedeutungslosigkeit zurücksanken. Kreuzzüge wurden nun in Richtung Konstantinopel und Balkan (vgl. S. 149) geführt. Die Seeliga blieb auch in den folgenden Jahrzehnten eine charakteristische Ausprägung des antitürkischen Kreuzzuges. Nach ihrem Muster wurde die Heilige Liga gegründet, die im Jahr 1571 die Osmanen bei Lepanto schlug (vgl. S. 167).

Der Kreuzzug Peters I. von Zypern

Für kurze Zeit wurde der Traum von der Befreiung Jerusalems durch Peter I. von Zypern wiederbelebt. Seine von den Zeitgenossen gepriesene Großtat, die Plünderung Alexandrias, war nur vordergründig ein Erfolg.

Manchmal wird Peter als begeisterter Kreuzfahrer vom alten Schlag bezeichnet, der von der Wiedererrichtung der christlichen Herrschaft über Jerusalem träumte. Zutreffender ist wohl, daß ihm vorrangig an der Sicherheit der Insel Zypern und der Wahrung ihrer Stellung im Ost-West-Handel gelegen war. Während seiner Regierungszeit (1359–1369) erreichte die Königsherrschaft des Hauses Lusignan über Zypern (vgl. S. 135) ihren Höhepunkt an Macht und Wohlstand, so daß Zypern zum Zentrum der Angriffe gegen die Muslime wurde.

Zuerst konzentrierte sich Peter auf die Kriegsführung gegen die türkischen Emirate im südlichen Kleinasien (vgl. S. 141), die ihre Schiffe zum Angriff auf sein Königreich und zum Raub an christlichen Kaufleuten aussandten. Im Jahr 1360 wurde ihm von der armenischen Bevölkerung die Herrschaft über Corycus übertragen. Im nächsten Jahr nahm er den wichtigen Hafen Adalia ein. In den Jahren 1362 und 1363 folgte eine Reihe kleinerer Einfälle in türkische Küstenstädte.

Da die Ressourcen Zyperns für größere Unternehmungen nicht ausreichten, brach der König in den Westen auf, um für Unterstützung zu werben. Der Papst gab seinem Unternehmen den Status eines Kreuzzuges. Peter durchreiste bei seiner Suche nach Männern und Geld Frankreich, England, die Niederlande, Deutschland, Böhmen und Polen. Die von ihm angeworbenen Truppen segelten 1365 von Venedig ab und trafen sich mit den Zyprioten auf Rhodos. Im Oktober nahmen sie mit Alexandria die wichtigste Hafenstadt Ägyptens ein und plünderten sie. Da sie Alexandria nicht halten konnten, zogen sie sich, beladen mit geraubten Gütern, fünf Tage später nach Zypern zurück.

Nun herrschte Krieg zwischen Zypern und dem Mamlukensultanat von Ägypten. In den nächsten fünf Jahren lösten Friedensverhandlungen und erneute Flottenangriffe einander ab. Ein Hauptfeldzug im Januar 1367 scheiterte wegen schlechten Wetters. Ein türkischer Angriff auf Corycus, der gleichzeitig mit einer Meuterei in Adalia erfolgte, spaltete die Aufmerksamkeit des Königs, der dennoch im Spätjahr 1367 die Gelegenheit zu Einfällen in Nordsyrien und Kilikien und im Jahr 1368 in Palästina fand.

Im Jahr 1369 fand ein weiterer Feldzug in zwar kleinem Rahmen, aber mit weitgestecktem Ziel statt, obgleich Peter zu Beginn des Jahres während einer Palastrevolte ermordet worden war. Seine Anstrengungen waren letztlich vergebens geblieben. Bei einem zweiten Besuch im Westen (1367) hatte er nur wenig erreicht. Im Jahr 1370 wurde mit den Mamluken Frieden geschlossen und im Jahr 1373 Adalia seinen früheren türkischen Herrschern überlassen.

Die Kreuzzüge des Großen Schismas

Im Jahr 1378 spaltete sich die katholische Kirche, und Europa war in die Anhänger zweier rivalisierender Päpste gespalten. Jede Seite versuchte, die Kreuzzugsidee zur Bekämpfung der Gegenseite einzusetzen.

Im Jahr 1378 wurde in Rom ein neuer Papst, Urban VI., gewählt. Da er sich als ungeeignet erwies, wurde in Avignon ein Gegenpapst, Clemens VII., ausgerufen. Europa war in die Anhängerschaft zweier Päpste gespalten, von denen ein jeder Kreuzzüge gegen die Anhänger seines Rivalen ausrief. Die wichtigste dieser Unternehmungen wurde von Engländern, die den römischen Papst unterstützten, ausgeführt. Unter der Leitung Heinrich Despensers, des Bischofs von Norwich, unternahmen sie im Jahr 1383 einen Kreuzzug gegen den Grafen von Flandern, einen Verbündeten Frankreichs und Anhänger des Papstes zu Avignon (vgl. S. 78). Sie eroberten mehrere Städte am Kanal, mußten jedoch, als die französischen Truppen heranrückten, die Belagerung von Ypern abbrechen. Drei Jahre später führte Johann von Gent zusammen mit dem portugiesischen König ein Kreuzfahrerheer gegen Kastilien.

Auch dieser Kreuzzug war ein Mißerfolg. Generell traten derartige Versuche, das Schisma mit kriegerischen Mitteln zu lösen, hinter der Idee zurück, daß Kreuzzüge gegen die Muslime der Weg zur Wiederherstellung der christlichen Einheit seien. Im Jahr 1390 führte Graf Ludwig von Bourbon einen Kreuzzug gegen die Hafenstadt Mahdia in Tunesien. Dieser Feldzug war von den Genuesen vorgeschlagen worden, die die Schiffe zur Verfügung stellten. Der größte Teil der Armee Ludwigs bestand aus Franzosen, von denen die einen Avignon, die anderen Rom unterstützten. Wie hoch auch immer der moralische Nutzen für die Christen gewesen sein mag – der militärische Nutzen des Kreuzzuges war minimal, so daß er nach neunwöchiger Belagerung abgebrochen wurde. Die einzigen Nutznießer waren die Genuesen, die dem Emir von Tunis wertvolle Handelsprivilegien entlockten.

Viel ehrgeizige und wohlmeinende Diplomatie der Höfe Englands, Frankreichs und Burgunds floß in die Planung eines großen Kreuzzuges, der im Jahr 1396 nach Nikopolis aufbrach (vgl. S. 149). Deutlich lag dem Kreuzzug die Absicht zugrunde, die christliche Einheit zum Ausdruck zu bringen und zu verwirklichen, so daß er von beiden Päpsten ausgerufen wurde. In militärischer Hinsicht jedoch war auch dieser Kreuzzug ein Fehlschlag.

Die Wirren des Schismas verschlimmerten sich, als auf dem Konzil zu Pisa der Versuch, das Schisma zu lösen, zur Wahl eines dritten Papstes führte. Erst im Jahr 1417 sollte es auf dem Konstanzer Konzil möglich werden, mit Martin V. einen Papst zu wählen, der von der ganzen westeuropäischen Christenheit anerkannt wurde.

Der Fall Konstantinopels

Der Aufstieg der Osmanen

In wenig mehr als 100 Jahren verwandelte sich das Osmanische Reich von einem kleinen türkischen Emirat zur stärksten Macht der muslimischen Welt.

Das nach seinem Gründer Osman genannte Osmanische Reich entstand um 1300 als eines unter vielen Emiraten in den alten Grenzlanden zwischen dem Reich von Byzanz und dem der Seldschuken (vgl. S. 141). Allmählich löste es sich aus dem Schatten seiner Nachbarn und entwickelte sich von einem gewöhnlichen Kriegerverband zu einer aggressiv expandierenden muslimischen Macht. Zu Beginn der Herrschaft Mehmeds II. (1451) war der größte Teil des Zentrums und des Westens Kleinasiens besetzt, und von dem Brückenkopf Gallipoli aus waren Bulgarien, Serbien und ein großer Teil Albaniens eingenommen worden. Der größte Teil des Byzantinischen Reiches war verloren, Konstantinopel von den Osmanen eingekreist.

Der Aufstieg der neuen muslimischen Macht war im Abendland nicht unbemerkt geblieben. Kaum daß die Osmanen einen Brückenkopf in Europa errichtet hatten, wurden sie zum Ziel einer Reihe von Kreuzzügen, wie z. B. des Kreuzzuges unter Amadeus von Savoyen im Jahr 1366 (vgl. S. 149). Mit der Eroberung Adrianopels um das Jahr 1369 war der Weg nach Zentraleuropa offen. Seit dieser Zeit stellte die Eindämmung der osmanischen Macht das Hauptoperationsziel von Kreuzzügen dar.

Die Eroberung Konstantinopels unter Mehmed II. stellte den Höhepunkt von 150 Jahren osmanischer Expansion dar. Das Porträt von Gentile Bellini zeigt den Sultan gegen Ende seines Lebens.

Zwischen gewissen Elementen der osmanischen Expansion und der Kreuzzugsbewegung lassen sich Parallelen aufzeigen. Dies gilt vor allem für die Idee des Hl. Krieges (vgl. S. 56). Im muslimischen Glauben findet dieser im Begriff Dschihad seine Verkörperung, der Pflicht zum Kampf für den Glauben. Der Hl. Krieg, Ghaza, wird von Ghazis, d.h. von Kämpfern für den Glauben, geführt. In der Forschung wird diskutiert, ob das aufstrebende Osmanische Reich in Wirklichkeit ein Reich von Ghazis war. Wie auch die Kreuzfahrerstaaten im Nahen Osten, waren die osmanischen Eroberungen in Europa der politischen Herrschaft einer Gruppe unterworfen, die sowohl in religiöser als auch in ethnischer Hinsicht eine elitäre Minderheit bildete. Im Gegensatz zu den über weite Entfernungen führenden

Kreuzzugsaktionen mit ihren verwundbaren Nachschublinien waren die osmanischen Eroberungen (abgesehen von gelegentlichen Rückschlägen wie dem Einfall Timurs in Kleinasien im Jahr 1402) im Vergleich zu denen der Kreuzfahrer weitaus gesicherter.

Wie für die Christen war auch für die Osmanen leitende Idee die Errichtung eines universalen Reiches auf der Basis des Glaubens und einer Reichsvision. Zu deren Verwirklichung benötigten die Osmanen eine Reichshauptstadt. Diese im Zentrum zwischen Europa und Asien gelegene Stadt war für sie Konstantinopel. Die Einsicht in die Tatsache, daß hier und nicht in Jerusalem die entscheidende Schlacht um die Weltherrschaft geschlagen wurde, war den Menschen des Abendlandes durch ihren Glauben verstellt. Die Osmanen hingegen waren sich dessen seit ihren Anfängen bewußt, als Sultan Mehmed II. im Jahr 1453 mit der Eroberung Konstantinopels das Wissen in die Tat umsetzte.

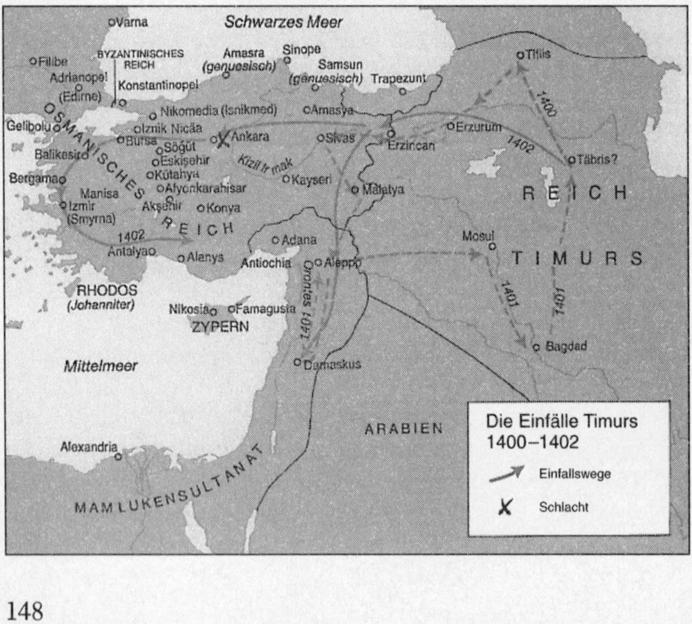

Kreuzzüge zur Unterstützung Konstantinopels

Allein Konstantinopel stand noch zwischen den Osmanen und der Verwirklichung ihres Ziels, der Herrschaft über den Balkan. Ströme an Männern, Geldern und Waffen flossen zur Verteidigung Konstantinopels aus dem Westen herbei.

Als die Osmanen auf europäischem Boden weiter vorstießen, wurde eine Anzahl von Kreuzzügen für die Christen des Balkans und das rapide verfallende Byzantinische Reich organisiert. Das erste Unternehmen dieser Art führte Amadeus von Savoyen an, dessen Heer 1366 in Venedig aufbrach und Gallipoli von den Osmanen zurückeroberte. In Konstantinopel angekommen, fand sich Amadeus mit der Situation konfrontiert, daß sein Vetter, der byzantinische Kaiser Johannes V., von den Bulgaren gefangengenommen worden war. Dies zwang ihn, zur Rettung des Kaisers seine Flotte ins Schwarze Meer umzulenken.

Im Jahr 1394 fielen die Osmanen auf Morea ein, so daß Konstantinopel eingeschlossen war. Beide Päpste riefen in Avignon und in Rom zum Kreuzzug gegen die Osmanen auf. Unter der Leitung König Sigmunds von Ungarn und Johannes' von Nevers brach ein ungarisch-französisches Heer von 10000 Kreuzfahrern auf und rückte entlang der Donau vor. Gleichzeitig segelte eine Flotte der Johanniter, Venezianer und Genuesen vom Schwarzen Meer aus flußaufwärts, um das Heer zu treffen. Aber die Kreuzfahrer aus Siebenbürgen und der Walachei desertierten, und die Franzosen griffen unüberlegt an, so daß das Kreuzfahrerheer in Nikopolis eine vernichtende Niederlage erlitt.

Im Jahr 1399 brach ein Truppenkontingent unter der Leitung des berühmten Marschalls Boucicaut auf, das die Blokkade Konstantinopels zeitweise durchbrach und auf dem Rückweg den byzantinischen Kaiser Manuel II. mit sich führte, damit er im Westen um Hilfe ersuchen konnte. Im Jahr 1403 leitete Boucicaut einige waghalsige Angriffe auf Häfen der

Osmanen und Mamluken. Ein großer Feldzug gegen die Türken wurde erst wieder im Jahr 1443 unternommen, zu dem Papst Eugen IV. im Januar die Gläubigen aufgerufen hatte. Die Eroberung von Niš und Sofia durch die Ungarn bewirkte, daß sich die Christen des Balkans gegen die Osmanen erhoben. Der albanische Führer Iskander Beg wurde mit Waffen und Geldern aus dem Westen unterstützt. Zu diesem Zeitpunkt erschütterte eine innere Krise das Osmanische Reich, so daß die Befreiung des Balkans nun möglich erschien. Im August 1444 versammelten sich 20000 Kreuzfahrer unter der Leitung von König Wladislaw von Ungarn und János Hunyadi. Gleichzeitig segelte eine westliche Flotte zu den Dardanellen. Dennoch konnte nicht verhindert werden, daß die Truppen des Sultans Murat II. den Bosporus überschritten und die Ungarn in Varna schlugen.

Das neue muslimische Reich

Der Fall Konstantinopels im Jahr 1453 setzte der alten Ordnung in Europa und im Nahen Osten ein Ende. Den Osmanen war es nun möglich, bis tief in christliches Land vorzustoßen.

Die Regierungszeit Sultan Mehmeds II., des Eroberers, war durch dauernde militärische Aktivitäten gekennzeichnet. In den ersten zwei Jahren seiner Herrschaft hatten seine Kanonen die tausendjährigen Mauern Konstantinopels durchbrochen und das Byzantinische Reich ausgelöscht. Schnell wurde Konstantinopel, nun als Hauptstadt eines muslimischen Reiches wiederaufgebaut und neu besiedelt.

Auf dem Balkan und in Kleinasien gingen die Überreste des byzantinischen und des muslimischen Staatensystems des Mittelalters rasch unter. In Albanien hingegen dauerte der Widerstand bis 1478. Als Mißerfolg endete im Jahr 1456 der Versuch, Belgrad den Ungarn zu entreißen (vgl. S. 152). Geringer Erfolg war dem türkischen Brückenkopf in Italien sowie der Belagerung von Rhodos beschieden, da beide beim Tod Sultan Mehmeds im Jahr 1481 aufgegeben wurden (vgl. S. 137).

Seinem Nachfolger, Bayazid II., waren weitgehend die Hände gebunden, da sein Bruder Dschem als Geisel im Abendland gefangengehalten wurde. Im Jahr 1484 eroberte Bayazid die wichtigen Handelshäfen Kilia und Akkerman. In den Kriegen gegen Polen (1497–1499) und gegen Venedig (1499–1503) war er jedoch nur wenig erfolgreich. Um das Jahr 1500 wurde das Osmanische Reich durch die Machtergreifung des militanten schiitischen Safawidenordens in Persien und die hieraus resultierenden Unruhen der Schiiten in Kleinasien schwer erschüttert.

In der Folgezeit führte der Thronstreit zwischen Bayazid II. und seinen Söhnen in den Bürgerkrieg. Mit dem Tod Bayazids II. im Jahr 1512 und dem Herrschaftsantritt Selims I., des fähigsten unter seinen Söhnen, begann erneut eine Zeit dauernder Feldzüge und Eroberungen. Im Jahr 1514 schlugen die Truppen Selims die Safawiden bei Çaldiran und nahmen ihre Hauptstadt Täbris ein. Der Gefahr einer Allianz zwischen Safawiden und Mamluken trat Selim mit der Eroberung des Mamlukensultanats von Ägypten entgegen. Die alten muslimischen Länder Syrien und Ägypten sowie Medina und Mekka, die Hl. Stätten des Islams, waren nun in osmanischer Hand.

Mit dem Herrschaftsantritt von Selims einzigem Sohn, Suleyman II., genannt der Prächtige, wurde die Tradition der osmanischen Gegen-Kreuzzüge wiederaufgenommen. In den ersten Feldzügen während seiner Herrschaft gelang es Suleyman, zwei der drei Aufgaben zu lösen, die Mehmed der Eroberer hinterlassen hatte: Im Jahr 1521 wurde Belgrad, im Jahr 1522 Rhodos erobert. Nun war der Weg ins Mittelmeer für die osmanische Seemacht offen. Für die Landstreitkräfte öffnete sich der Weg in das ungarische Königreich, das im Jahr 1526 in der Schlacht bei Mohács vernichtet wurde, was die Osmanen in direkten Konflikt mit den Habsburgern brachte (vgl. S. 167). Hieraus entwickelte sich der wohl größte religiöse und machtpolitische Kampf der frühen Neuzeit, der zur letzten Ära der Kreuzzugsbewegung werden sollte.

Die Verteidigung Belgrads

Als der unaufhaltsame Vormarsch der Osmanen Belgrad erreicht hatte, mobilisierten János Hunyadi und der Prediger Johannes von Capestrano die letzten Kräfte der Christenheit zum erbitterten Widerstand.

Kurz nach dem Fall Konstantinopels im Jahr 1453 (vgl. S. 150) sandte Papst Nikolaus V. einen Brief aus, der zum Kreuzzug gegen die Osmanen aufrief. Die Resonanz war gering, da die christlichen Reiche mit eigenen Problemen beschäftigt waren. Auf die dringenden Bitten des kaiserlichen Botschafters Enea Silvio (des späteren Papstes Pius II.) und des später heiliggesprochenen Franziskanerobservanten Johannes von Capestrano hin entschlossen sich die Fürsten schließlich, Truppen zu sammeln.

Im Juni 1455 brach Capestrano zum ungarischen Reichstag in Györ auf, wo János Hunyadi einen Angriff auf die Türken vorbereitete. Hunyadi und Capestrano waren der Überzeugung, daß es mit westlicher Hilfe möglich sei, die Osmanen aus Europa zu vertreiben und Konstantinopel, vielleicht sogar Jerusalem, zurückzuerobern. Die folgenden Monate verbrachte Capestrano auf einer ausgedehnten Predigtreise durch Westeuropa und Siebenbürgen, die er im Januar 1456 in Buda beendete. Hier erhielt er von Kardinal Carvajal die päpstliche Erlaubnis zur Kreuzzugspredigt und ein vom Papst gesegnetes Kreuz. Im April 1456 traf die Nachricht ein, daß sich ein großes Heer unter Sultan Mehmed II. Ungarn nähert. Kardinal Carvajal bemühte sich um Truppenaushebungen im Westen, Hunyadi traf eilig militärische Vorbereitungen, und Capestrano predigte das päpstliche Kreuz auf der Brust und ein kreuzgeschmücktes Banner in der Hand – den Kreuzzug im südlichen Ungarn.

Als die Osmanen Belgrad erreicht hatten, schloß sich das kleine, aber gut ausgebildete Heer unter Hunyadi mit den Kreuzfahrermassen Capestranos zusammen. Allein in Ungarn waren etwa 40000 Mann geworben worden, von denen 27000 das Kreuz aus der Hand Capestranos nahmen. Viele dieser Männer erreichten Belgrad erst nach der Schlacht. Dennoch durchbrachen die Kreuzfahrer gemeinsam mit Hunyadis Truppen und dem Kriegsruf „Jesus, Jesus, Jesus" die Belagerung Belgrads und schlugen das bei weitem überlegene osmanische Heer. Der Vormarsch der Osmanen in Ungarn war aufgehalten. Doch der Traum von einer großen Kreuzzugsbewegung gegen die Osmanen sollte nicht in Erfüllung gehen. Schon kurz nach der Schlacht starben Hunyadi und Capestrano an der Pest.

Eine zeitgenössische Ansicht von Belgrad zur Zeit der Belagerung 1456. Mit Sand und Felsbrocken gefüllte Schiffe wurden in den Fluß gebracht, um die osmanischen Galeeren zu rammen. Die Truppen Hunyadis rückten auf Flußkähnen nach und zersprengten die türkische Flotte.

TEIL 4
DIE LETZTEN KREUZFAHRER

Ein Jahrhundert nach der Belagerung Belgrads befanden sich die Christen wiederum in einem Verteidigungskampf gegen die Osmanen. Gegenüber der Hauptbesitzung der Johanniter auf Malta lag, durch den Großen Hafen getrennt, das Fort St. Elmo. Am 23. Juni 1565, dem Vorabend des Festes des hl. Johannes, waren die Festungsmauern des Forts bis zur Unkenntlichkeit zerstört. Seit dem 24. Mai hatten sie unter Dauerbeschuß gelegen, gefolgt von ständigen Attacken des übermächtigen türkischen Heeres. Etwa 6000–7000 Schuß wurden täglich auf das Fort abgefeuert. Es war – wie ein Zeitgenosse beschrieb –, als läge den Christen ein Feuer und Rauch speiender Vulkan gegenüber. Stetige Angriffswellen hatten das äußere Befestigungswerk zerstört. Bis zu diesem Zeitpunkt war das Fort durch die regelmäßige Verstärkung der Besatzung gehalten worden, die aus kleinen Trupps bestand, unter denen manche Freiwillige waren. Im Schutz der Dunkelheit wurden sie von Großmeister Jean Parisot de la Valette, der als junger Bruder an der zweiten türkischen Belagerung von Rhodos teilgenommen hatte, über den Hafen zum Fort gesandt. Doch nun bedeutete das starke türkische Feuer im Hafen, daß die Besatzung isoliert war.

Während der vorangegangenen Nacht war deutlich geworden, daß sich die türkischen Truppen zum Sturmangriff sammelten. Ein Augenzeuge beobachtete das Geschehen von der gegenüberliegenden Seite des Hafens aus und berichtete: „Als die armen Kämpfer von St. Elmo sahen, daß unser Versuch, ihnen Hilfe zu senden, fehlgeschlagen war, bereiteten sie sich auf den Tod im Dienst für Jesus Christus vor." Zwei Brüder, die Priester waren, hörten die Beichte der etwas weniger als hundert Verteidiger. Sie versteckten kostbare Gefäße unter dem Boden der Kapelle und setzten einen Stapel aus Wandteppichen, Bildern und Möbelstücken in Brand, damit sie nicht in die Hände der Ungläubigen fielen. Dann begannen sie, als letzte symbolische Handlung, die Glocke der Kapelle zu läuten. Bei Anbruch des Tages bereitete sich die Besatzung auf das Ende vor. In eine Bresche im Gemäuer wurden zwei Stühle gestellt, auf die die beiden schwerverwundeten dienstältesten Befehlshaber, Ritterbruder Juan de Guaras und ein spanischer Kapitän namens de Miranda, mit gezücktem Schwert in Händen gesetzt wurden. Nach einem einstündigen Angriff von allen Seiten wurde die Festung eingenommen.

Trotz ihrer Niederlage hatte die Besatzung durch ihr langes Ausharren zur Rettung Maltas beigetragen. Bei der Verteidigung des Forts verloren die Johanniter 1500 Mann, darunter 120 Mitglieder des Ordens. Die Verluste der Türken bezifferten sich auf ungefähr 8000 Mann. Ihre Gesamtverluste bis zum Rückzug am 8. September, dem Fest der Geburt Mariens, betrugen vermutlich 30000 Mann. Von den 9000 Mann der Johanniterbesatzung zu Beginn der Belagerung waren nur ungefähr 600 noch waffenfähig. Fast 250 Ritter waren getötet worden, die Überlebenden beinahe alle verwundet. Die Nachricht vom türkischen Rückzug löste im ganzen katholischen Europa Begeisterung aus, und selbst im protestantischen England wurde in den Kirchen für sechs Wochen eine Art Dankgebet an drei Tagen der Woche gesprochen.

Am 13. Juni 1798, über zweihundert Jahre später, landete Napoleón Bonaparte an der Spitze eines Expeditionsheeres nach Ägypten auf Malta. Die Johanniter übergaben die schwerstbefestigte Insel des Mittelmeers nach nur einem Tag mit leichten Gefechten weitgehend widerstandslos. Von den 332 Ritterbrüdern waren 50 für den Kampf zu alt oder zu krank. Der Verteidigungsplan war die letzten dreißig Jahre nicht überarbeitet worden und daher völlig veraltet. Für fast ein Jahrhundert waren die Kanonen nur zu Salutschüssen benutzt worden. Das Pulver war verrottet, die Kugeln untauglich. Die verängstigten Truppen wurden von Männern angeführt, die es nicht für notwendig gehalten hatten, Maltesisch zu lernen. Das Hauptkommando befand sich in Händen von Rittern, die wegen ihres Dienstalters und nicht wegen ihrer Befähigung in diese Stellung berufen worden waren. Napoleón schrieb: „Malta konnte einem vierundzwanzigstündigen Beschuß nicht standhalten. Der Ort besaß ohne Zweifel alle äußeren Bedingungen zu einer starken Verteidigung, jedoch keinerlei moralische Stärke seiner Verteidiger." Die Folgen der Niederlage waren für den Orden verheerend. Der Großmeister, Ferdinand von Hompesch, wurde von einer Gruppe Ritterbrüder abgesetzt. Statt seiner wurde Zar Paul I. von Rußland gewählt, der nicht zölibatär lebte, weder katholisch noch der Bruderschaft angeschlossen und schlicht verrückt war. Der Orden zerbrach in mehrere Teile. Vormals in höchstem Ansehen, wurde er nun mit Argwohn betrachtet. Im Vertrag von Amiens (1802) erfolgte formal die Rückgabe Maltas an die Johanniter. Doch zwei Jahre zuvor war die Insel von den Briten besetzt und somit ein Zustand geschaffen worden, der im Vertrag von Paris (1814) seine offizielle Anerkennung fand.

Belegt die erbitterte Verteidigung Maltas im Jahr 1565 noch die Vitalität der Kreuzzugsbewegung, so macht der fehlende Widerstand bei der Übergabe im Jahr 1798 ihren Zusammenbruch deutlich. Für die aufgeklärten, der Bildung und Vernunft verpflichteten Männer des späten 18. Jh. war die Kreuzzugsbewegung zum Stein des Anstoßes geworden. Sie betrachteten sie als Ausdruck von Fanatismus, Unvernunft und Überspanntheit. Die Kreuzzugsidee verschwand gründlich aus dem täglichen Leben, ihre jüngere Geschichte geriet in Vergessenheit. Erst in den letzten zwanzig Jahren wurde ihre Anpassungsfähigkeit an die jeweiligen Zeitumstände und somit ihre auch im 16. und 17. Jh. fortwirkende Kraft entdeckt. Wie konnte eine Bewegung, die vormals höchste Anziehungskraft für weite Kreise besaß, zur Bedeutungslosigkeit herabsinken?

Die Bedrohung der Christenheit durch den Islam bestand nicht mehr. Das 18. Jh. war in der gesamten muslimischen Welt eine Zeit des Rückzugs und des Niedergangs. Eine türkische Bedrohung Europas war nicht länger vorstellbar. Die christliche Legitimation des Hl. Krieges bedurfte aber eines gerechten Grundes, der durch einen Feind gegeben war, den man als aggressiv ansah. Obgleich gemäß der Auslegung der Kanonisten der gerechte Grund nicht zwingend in einer Aggression des Feindes bestehen mußte, hing die Begeisterung der Laien, von denen die Kreuzzugsbewegung ja getragen wurde, von katastrophalen Niederlagen oder einer deutlich erkennbaren Bedrohung ab. Mit dem sich zunehmend friedlicher gestaltenden Verhältnis zwischen Christen und Muslimen verminderte sich auch die Kriegsführung der Johanniter zur See. Im 16. und 17. Jh. durchstreiften ihre Kriegsgaleeren das Mittelmeer auf der Jagd nach Schiffen der Muslime. Selbst zwischen 1722 und 1741 machten die Linienschiffe der Johanniter (die ab 1700 die Galeeren abzulösen begannen) noch beträchtliche Beute. Um die Mitte des 18. Jh. jedoch trat der militärische Zweck in den Hintergrund, und die Flotte der Johanniter wurde zusehends zu einem Statussymbol.

Entsprechend wandelte sich auch die Lebensform der Brüder. In Valletta lebten die Malteser (wie die Johanniter nun genannt wurden) über das ganze Stadtgebiet verstreut. Das Prinzip einer Lebensführung in klösterlicher Abgeschiedenheit, das auf Rhodos noch Geltung besessen hatte, war abgeschafft worden. Waren die Gebäude der Frühzeit schmucklos und funktional, so waren sie in der Mitte des 18. Jh. üppig verziert und bequem eingerichtet. Von einem asketischen Ritterorden hatten sich die Johanniter zu einer eleganten, aber ziemlich rückständigen Militärakademie entwikkelt. Der Historiker Roderick Cavaliero zeichnet ein zutreffendes Bild der Zustände im johannitischen Valletta: „Das Leben auf Malta im 18. Jh. war von der Herrschaft eines überalterten Offizierskorps geprägt, dem es gänzlich an Dynamik und Vorstellungsvermögen mangelte. Langeweile war die beherrschende Grundstimmung des Insellebens, die von einer wenn auch eingeschränkten Kultiviertheit und dem übertriebenen Beharren auf Disziplin und Einhaltung der Rangordnung überlagert wurde." Daher überrascht es nicht, daß der sehnlichste Wunsch vieler Ritterbrüder darin bestand, sich nach abgeleisteter Dienstzeit auf der Flotte des Ordens (Caravans) in die Ordensbesitzungen Westeuropas zurückzuziehen und dort das bequeme Leben eines Landadligen zu führen.

Ein weiteres charakteristisches Merkmal des 18. Jh. ist der Verfall vieler dem Mittelalter entstammender politischer und sozialer Institutionen. Ihr plötzlicher Zusammenbruch im Zusammenhang mit der Französischen Revolution sowie der Vormarsch der revolutionären Armeen in Europa machen deutlich, daß sich die alte Ordnung in ihrem Kern bereits überlebt hatte. Die Johanniter waren zur inneren Reform, d.h. zur religiösen Erneuerung, selbst nach dem Reformkonzil von Trient nicht fähig. Ein Drittel Europas war protestantisch geworden. Die Ritterkultur existierte nur dem Schein nach weiter. Adel und Rittertum hatten sowohl ihre sozialen und militärischen Funktionen als auch ihren Reichtum verloren, so daß ihre Existenz allein auf Privilegien basierte.

Das christliche Verständnis eines Hl. Krieges setzt eine allgemeine Übereinstimmung darüber voraus, daß Gewaltanwendung in gewissen Fällen legitim sei. Vom 16. Jh. an verbreitete sich jedoch die zunehmende Überzeugung, daß Gewalt an sich böse und daher abzulehnen sei. Gewalt konnte einzig als geringeres Übel legitimiert oder zur Wiederherstellung eines durch Aggression oder Unrecht veränderten Zustandes angewandt werden. Entsprechend bemerkt der holländische Jurist Grotius: „Wir beabsichtigen zu untersuchen, ob Krieg überhaupt gerecht sein kann und weiterhin, was am Krieg gerecht sein kann. In diesem Falle ist Gesetz gleichbedeutend mit Gerechtigkeit, allerdings in einem negativen, nicht positiven Sinne, nämlich daß legal ist, was nicht ungerecht ist." Welten liegen zwischen dieser Betrachtung des Krieges und den emotionalisierenden Kreuzzugsaufrufen eines Bernhard von Clairvaux oder Papstes Innozenz III.

Zur selben Zeit wurde die Vorstellung eines universalen Reiches christlicher Prägung – ein Kernpunkt mittelalterlichen Denkens – aufgegeben. Die Kreuzzugsligen waren durchaus eine Antwort auf das Entstehen der Nationalstaaten. Doch genau diese Existenz der Nationalstaaten widersprach der Idee des christlichen Universalreiches. Dennoch bestand sie bis ins 16. Jh. fort. Ab dem 18. Jh. konnte die nun zur Illusion gewordene Vorstellung aber nicht mehr aufrechterhalten werden. Die zur politischen Einheit rufende Christusgestalt des Mittelalters wandelte sich zur Gestalt des neutralen, objektiven Richters über eine Vielzahl weitgehend gleichberechtigter Nationen.

Die Kreuzzugsidee war also zum einen untrennbar mit einem Gewaltbegriff verbunden, der an sich neutral war und die Absicht des gewaltsam Handelnden zum Kriterium der Bewertung machte. Ebenso zwingend gehörte ihr aber zum anderen die Vorstellung von einem Christus an, der politische Absichten mit der Menschheit habe, die auch mit Gewalt gegen Widersacher verteidigt werden müssen. Nach dem Wegfall dieser beiden Punkte hatte sich die Kreuzzugsidee um 1798 überlebt, und die Johanniter auf Malta standen in Gefahr, als Anachronismus in die Bedeutungslosigkeit zurückzusinken.

Selbst die Romantik des 19. Jh. konnte die Kreuzzugsbewegung nicht wiederbeleben, was jedoch nicht bedeutet, daß deren letzte Repräsentanten mit ihr starben. Nach einigen Jahrzehnten der Wirren erneuerten sich die Johanniter, indem sie zu ihren ursprünglichen Aufgaben der Krankenpflege und Armenfürsorge zurückkehrten. Seit 1850 wandelte sich der Orden, der nun in Rom sein Hauptquartier hatte, zu einer Organisation mit vornehmlich humanitärer Zielsetzung. Eine vergleichbare Entwicklung fand in England statt, wo sich die nichtkatholischen Johanniter (eine Gründung französischer Johanniter auf Malta) seit 1850 im Gesundheitswesen engagierten. Der heutige Sanitätsdienst der englischen Johanniter, der im gesamten Commonwealth anzutreffen ist, reicht in seinem Ursprung bis auf das Jahr 1872 zurück.

Die Ablehnung der Kreuzzüge im 18 Jh. durch Männer, die der Aufklärung verpflichtet waren, setzte sich auch im 20. Jh. fort. Charakteristisch dafür sind die Worte, mit denen Sir Steven Runciman seine bedeutende Geschichte der Kreuzzüge abschloß: „Der Hl. Krieg war nichts anderes als ein langer, im Namen Gottes vollzogener Akt der Intoleranz und somit eine Sünde gegen den Hl. Geist."

Bis vor dreißig Jahren glaubten nur wenige Historiker, daß die Kreuzfahrer vornehmlich aus religiöser Absicht handelten. Diese Ansicht erschien so abwegig, daß man zur Erklärung der Kreuzzugsmotive allein den Wunsch nach Landnahme und Bereicherung anführte. Doch als Runciman die obigen Schlußworte seines Buches verfaßte, war die Forschung bereits im Wandel begriffen. Die psychologische Betrachtung des Kampfgeschehens eröffnete vorher nicht gekannte Einblicke in Taten und Reaktionen von Männern unter Streß und half zwischen den Motiven für die Teilnahme an einem Kreuzzug und dem Verhalten in der Schlacht zu unterscheiden. In den dreißiger Jahren erwachte das Interesse an der Ideologie des Hl. Krieges neu und fand nach 1945 in der Diskussion um Gehorsam und legitime Autorität weitere Nahrung. Ihren konkreten Niederschlag fand die Diskussion in den Nürnberger Prozessen und in den Auseinandersetzungen um die Rechtfertigung der nuklearen Abschreckung.

Seit den sechziger Jahren ist im Islam, Juden- und Christentum eine erneute Legitimierung von Gewalt im Dienst der jeweiligen Glaubensüberzeugung zu beobachten. Im Falle des Christentums hat etwa die Befreiungstheologie beträchtlich Boden gewonnen und besonders in Lateinamerika einen radikalen Flügel ausgebildet, der auf ein positives Gewaltverständnis zurückgreift. In einer Zeit, in der Gewalt im Namen Christi gerechtfertigt oder angewandt wird, können Historiker kaum an einer Beurteilung der Kreuzfahrer als gierige Imperialisten und verständnislose Barbaren festhalten.

Das Wiedererstarken eines positiven Gewaltverständnisses in den drei Weltreligionen wirft ernsthafte Fragen auf. Wird diese Haltung auf eine Minderheit beschränkt bleiben, oder wird sie anwachsen? Sind wir Zeugen einer von bestimmten politischen Bedingungen verursachten zeitweiligen Rückkehr zu historisch überholten Kategorien, oder befinden wir uns im Vorfeld einer Zeit, in der diese Kategorien wieder zur Norm werden?

Wie immer diese Entwicklung einzuschätzen ist, die Tatsache bleibt bestehen, daß die Bedeutung der Kreuzzüge als populärster und geschichtsmächtigster Ausdruck der christlichen Konzeption vom Hl. Krieg bis in die Gegenwart hineinreicht.

Kreuzzüge in einer gewandelten Welt

Die Reformation

Die Reformation spaltete die Christenheit Europas und schwächte die Kreuzzugsbewegung. Dennoch waren Kreuzzugsideen in verschiedenen Kriegen der folgenden Jahre gegenwärtig.

Ein Kreuzzug wurde als religiöser, vom Papst autorisierter Krieg definiert. Folglich waren Kreuzzüge für Protestanten nicht akzeptabel, obgleich sie religiöse Kriege nicht grundsätzlich ablehnten und manche sogar über protestantische Versionen von Kreuzzügen nachdachten. Weite Teile Nordeuropas waren somit der Kreuzzugsbewegung entzogen. Ebenso wie den Mönchsorden traten die Protestanten auch den Ritterorden entgegen, die sie in den unter ihrer Herrschaft stehenden Gebieten zerschlugen.

Den Katholiken galt der Protestantismus als Häresie. Bereits zuvor war die Kreuzzugsidee dem Kampf gegen Häretiker dienstbar gemacht worden (vgl. S. 76 und 131), und so spielte sie auch bei der katholischen Antwort auf den Protestantismus eine Rolle. Auf dem Konzil von Trient (1544) wurde die Forderung nach „Beseitigung der christlichen Zwietracht" mit einem Kreuzzug gegen die Ungläubigen verbunden. Noch im Dreißigjährigen Krieg stößt man auf Elemente des Kreuzzugsgedankens.

In England scheint sich der Kreuzzugsgedanke besonderer Popularität erfreut zu haben. Im Aufstand der Jahre 1536–1537 (Pilgrimage of Grace) gegen König Heinrich VIII. drückten die

Rebellen ihr Selbstverständnis durch Abzeichen mit den fünf Wunden Christi aus, die bereits auf einem Kreuzzug in Nordafrika getragen wurden. Aus dem Exil riefen englische Katholiken wie Kardinal Reginald Pole zum Kreuzzug gegen Heinrich VIII. auf. Unter der Herrschaft Elizabeths I. wurde dem katholischen Freibeuter Thomas Stukeley im Jahr 1575 dafür, daß er in Irland einfalle, die Gewährung des Ablasses versprochen. Stukeley lenkte jedoch seine Truppen nach Marokko, um dort gegen König Sebastian von Portugal zu kämpfen (vgl. S. 165). Ein Jahr später fiel ein katholisches Heer unter James Fitz-Maurice FitzGerald und Nicholas Saunders in Irland ein. Dieses Vorgehen wurde ebenfalls mit Elementen des Kreuzzugsgedankens gerechtfertigt, das Heer jedoch rasch geschlagen. Der Kreuzzugsgedanke fand zehn Jahre später im Angriff der spanischen Armada auf England seinen erneuten Niederschlag.

Papst Sixtus V. erlaubte König Philipp II. von Spanien, eine Kreuzzugssteuer einzuziehen, und gewährte den Kämpfern der Armada offenbar den Kreuzzugsablaß. Die Segnung des Banners der Armada in Lissabon (25. April 1588) war voll Anspielungen auf die Vorstellungswelt der Kreuzzüge und erinnert an eine vergleichbare Zeremonie im Jahr 1571 vor dem Aufbruch der Flotte nach Lepanto (vgl. S. 167). Die Armada, eine große Flotte von 130 Schiffen, sollte von Spanien aus aufbrechen, um sich in Dünkirchen mit dem Herzog von Parma, dem spanischen Befehlshaber in den Niederlanden, zu treffen und seine in Lastkähnen den Ärmelkanal überquerende Armee zu eskortieren. Gefolgt von der englischen Flotte, erreichte die Armada unter ihrem unerfahrenen Admiral, dem Herzog von Medina Sidonia, am 6. August Calais. Dort brachten Feuerschiffe, die von den Engländern in den Hafen gesegelt worden waren, den spanischen Flottenverband in Verwirrung. Ein Wetterumschwung verhinderte, daß sich die Armada in Küstennähe retten konnte. Der Wind trieb die Flotte weiter nördlich, wo sie an den feindlichen Küsten Westschottlands und Irlands zerstört wurde.

Kreuzzüge nach Nordafrika

Nach der Eroberung Granadas versuchten die spanischen Herrscher, ihren Krieg gegen die Muslime auf Nordafrika auszuweiten.

Nachdem Granada in christliche Hand gefallen war (vgl. S. 127), genossen die muslimischen Bewohner des Landes nur eine kurze Periode der Duldung. Bereits 1502 verfügten Isabella und Ferdinand über die Muslime Kastiliens entweder die Taufe oder die Vertreibung aus dem Land. Die Bestimmung wurde 1525 auf die Muslime in Aragón ausgedehnt. Diese Politik produzierte eine unzufriedene, nicht in das Staatsgefüge zu integrierende Minderheit von etwa 300 000 getauften Muslimen (Moriskos) entlang der militärisch verwundbaren Mittelmeerküste. Sie halfen den afrikanischen Piraten, die fortwährend auf der Suche nach Sklaven und Beute in Spanien und Italien einfielen.

Um die Stützpunkte der Piraten zu zerschlagen, faßten Isabella und ihr Berater, Kardinal Cisneros, den Entschluß, die Reconquista auf Nordafrika auszudehnen. Eine Reihe von Brückenköpfen wurde errichtet: Melilla (1497), Mers al-Kabir (1505), Oran und Vélez de la Gomera (1509), Bougie, Peñón d'Argel und Tripolis (1508–1510). Allerdings stellten weder König Ferdinand noch sein Nachfolger, Karl V., genug Mittel bereit, um die Brückenköpfe zu festigen. So gingen sie wieder an Piraten wie die Brüder Arudsch und Khair al-Din Barbarossa verloren. Arudsch starb 1518, während sein Bruder mit Überfällen fortfuhr.

In der Zwischenzeit erstreckte sich das Reich der Osmanen bis zur Donau hinauf und nach Nordafrika, wo viele Piraten mit den Türken verbündet waren. Die Osmanen hofften, die Vorherrschaft ihrer Flotte im östlichen Mittelmeer nun auch auf den Westen ausdehnen zu können. Karl V. versuchte diesen Plänen entgegenzutreten, indem er im Jahr 1530 die Johanniter nach Tripolis und Malta sandte und Stützpunkte wie

Cherchell (1520) und Hunayn (1531) erobern ließ. 1535 organisierte er einen Feldzug zur Rückeroberung von Tunis, das ein Jahr zuvor in die Hand Khair al-Din Barbarossas gefallen war. Das Unternehmen wurde als Kreuzzug gepredigt, den Teilnehmern Ablaß gewährt. Papst Paul III. steuerte Schiffe und Gelder bei. Der Feldzug verlief erfolgreich, konnte aber nicht verhindern, daß sich Karl V., der mit zahlreichen europäischen Verpflichtungen beschäftigt war, in den Verlust der meisten nordafrikanischen Häfen fügen mußte.

Sein Nachfolger Philipp II. nahm 1560 den Piratenstützpunkt Dscherba ein. Hierauf belagerten die Osmanen die Stadt, so daß die meisten Christen starben oder gefangengenommen wurden. Philipp vermochte allein die türkische Belagerung von Malta aufzuheben (1565), und nur mit viel Glück gelang es, einen Aufstand der Moriskos in den Alpujarrasbergen niederzuschlagen, bei dem die Türken nicht ernsthaft intervenierten (1568–1571). Im Jahr 1571 endete der türkische Vorstoß in den westlichen Mittelmeerraum, als die mit dem Papsttum verbündete Flotte Venedigs die türkische Flotte bei Lepanto vernichtend schlug (vgl. S. 167).

König Sebastian von Portugal versuchte zwischenzeitlich, seinen Machtbereich auf die Atlantikküste Marokkos auszudehnen. Im Jahr 1578 entschloß er sich, persönlich einen großen Feldzug zu diesem Zweck anzuführen. Er war ein romantischer Kreuzfahrer, dem es an militärischer Kompetenz mangelte. Der Feldzug schlug fehl, und Sebastian wurde zusammen mit vielen seiner Adligen in Alcazarquivir getötet. Portugal und seine Kolonien fielen somit im Jahr 1580 als Erbe an Philipp II. In der Folgezeit stellte der spanische König die Kreuzzüge in den Mittelmeerraum ein und wandte sein Interesse den neuen Kolonien zu.

Der Vormarsch der Osmanen

Die christlichen Mächte Europas waren untereinander zerstritten, so daß sie das Vorrücken der Osmanen nach Zentraleuropa und in die Ägäis nicht verhindern konnten.

Mit dem Herrschaftsantritt des dynamischen Sultans Suleyman des Prächtigen (1520) bestand erneute Gefahr sowohl für die christlichen Gebiete des Mittelmeerraums als auch entlang der innereuropäischen Grenzen. Im Jahr 1526 hatten die Osmanen Mohács erreicht. In der Schlacht vor der Stadt wurde der ungarische König Ludwig getötet (vgl. S. 150). Die Truppen Suleymans überrannten Ungarn und Kroatien und wurden erst durch die erfolglose Belagerung Wiens (1529) aufgehalten.

Österreich war direkt von den Osmanen bedroht. Für die Herrscher aus dem Haus der Habsburger war die Kreuzzugsidee untrennbar mit der Verteidigung ihrer Länder verbunden, die sie als „Bollwerk der Christenheit" verstanden wissen wollten. Im 16. und 17. Jh. versuchte ein Reihe kreuzzugsbegeisterter Päpste, um die Habsburger christliche Streitkräfte zu sammeln. Allerdings war es nur selten möglich, das tiefverwurzelte gegenseitige Mißtrauen unter den christlichen Fürsten zu überwinden. In der Heiligen Liga (1537–1540) verbanden sich der Papst, Kaiser Karl V. und die Republik Venedig. Die Allianz zerbrach, als die christliche Flotte unter Andrea Doria bei Preveza von den Osmanen geschlagen wurde.

Suleyman starb im Jahr 1566 während der Schlacht um die Stadt Sziget, und mit seinem Tod schienen die Osmanen für kurze Zeit weniger bedrohlich. Als die Osmanen im Jahr 1570 auf der venezianischen Insel Zypern einfielen, vereinigten sich der Papst, Venedig und Spanien zu einer neuen Heiligen Liga. Kurz nach dem Fall von Famagusta (1571) schlug die vereinigte christliche Flotte unter Don Juan d'Austria die Osmanen bei Lepanto. Der Sieg ermutigte zu größten Hoffnungen, die jedoch durch die Streitigkeiten unter den Verbündeten enttäuscht wurden. Der Traum Don Juans von der Rückeroberung des Hl. Landes zerstob, als sich Venedig zu einem Sonderfrieden mit den Osmanen entschloß und die Hl. Liga zerbrach.

Auf dem Balkan und in Zentraleuropa herrschte zwischen 1593 und 1606 weiterhin Krieg. Das Papsttum und die Habsburger riefen zum Aufstand der Christen auf dem Balkan gegen die Ungläubigen auf. Michael der Tapfere, Fürst der Walachei, konnte einen kurzfristigen Erfolg erringen, indem er die angreifenden Osmanen in die Flucht schlug. Die Expansion der Osmanen wurde jedoch weniger durch Vorstöße von Kreuzzügen gestoppt als vielmehr durch die Abriegelung christlichen Gebiets, die durch den Bau zahlreicher Grenzfestungen von Siebenbürgen bis an die adriatische Küste erfolgte. Die Begeisterung für Kreuzzüge erwachte erneut im Jahr 1663, als Spanien, der Papst, die deutschen Staaten und selbst Frankreich Hilfe sandten, um einen neuen Einfall der Osmanen in Ungarn abzuwehren. Nach dem Sieg der Christen bei St. Gotthard wurde hastig Frieden geschlossen, so daß sich der habsburgische Kaiser Leopold wiederum der französischen Bedrohung zuwenden konnte.

Im Jahr 1645 verlagerte sich der Kriegsschauplatz in die Ägäis, wo die Besitzungen Venedigs bedroht waren. Die Osmanen griffen Kandia auf Kreta an, was einen vierundzwanzigjährigen Krieg zur Folge hatte. Die belagerte Stadt Kandia zog zahlreiche Christen an, die voll Enthusiasmus die Christenheit verteidigen wollten. Aus ganz Europa strömten sowohl einzelne Kämpfer als auch offizielle Truppenkontingente herbei. Die von Schiffen des Papstes und der Johanniter unterstützte Flotte Venedigs (vgl. S. 172) gewann mehrere Seeschlachten, was jedoch im Jahr 1669 den Rückzug der Venezianer aus Kreta nicht verhindern konnte.

Das Osmanische Reich expandierte auch im Norden, wo Polen im Jahr 1672 zur Abtretung Podoliens gezwungen wurde. Im folgenden Jahr fügten die Truppen des polnischen Königs Johann III. Sobieski den Türken eine Niederlage zu, die allerdings nicht zur erhofften Rückgewinnung der verlorenen Provinz führte.

Die Belagerung Wiens und die Heilige Liga

Als die Osmanen im Jahr 1683 vor den Toren Wiens standen, schlossen sich die zuvor zerstrittenen Staaten der Christenheit zeitweilig in der Heiligen Liga zusammen, um die Invasion der Osmanen zurückzuschlagen.

Eine Rebellion im habsburgischen Teil Ungarns diente den Osmanen zum Vorwand, einen Waffenstillstand, der im Jahr 1682 auslaufen sollte, nicht zu verlängern. Erneut sammelte sich die osmanische Streitmacht zum Angriff auf Wien. Angesichts des Vorrückens der Osmanen gelang es dem habsburgischen Kaiser Leopold, Bayern, Sachsen und einige kleinere deutsche Staaten zum militärischen Beistand zu verpflichten. Als wichtigster Verbündeter konnte Polen gewonnen werden, wo Glaubensgründe und nationale Interessen Johann III. Sobieski zur Teilnahme an der Verteidigung Wiens bewogen. Drei Monate war die Stadt belagert worden, als die Heere der Verbündeten Wien erreichten und die Osmanen in die Flucht schlugen.

Papst Innozenz XI., der beträchtliche Finanzmittel zur Befreiung Wiens beigesteuert hatte, versuchte die christlichen Mächte in einer Liga zum Kampf gegen die Osmanen zusammenzuführen. Solange die unmittelbare Bedrohung bestand, war der diplomatische Erfolg seiner Bemühungen gering. Im März 1684 jedoch gelang es, die aus dem habsburgischen Reich, Polen und Venedig bestehende Heilige Liga zu gründen. Leopold sicherte die Westgrenze des Reiches durch einen Kompromiß mit Frankreich, so daß die verbündeten Mächte ihre ungeteilte Aufmerksamkeit dem Zurückdrängen der Osmanen widmen konnten. Polen und Kosaken kämpften in Bessarabien und in Moldau. In Ungarn und Serbien fielen Buda (1686) und Belgrad (1688) an die kaiserlichen Heere. Die Venezianer eroberten die Halbinsel Morea zurück, wobei sie von päpstlichen, toskanischen und maltesischen Galeeren sowie Truppen, die von Hannover gemietet worden waren, unterstützt wurden. Slawische Freischärler nahmen weite Gebiete in Dalmatien ein.

Das Vorrücken der Christen geriet im Jahr 1688 ins Stocken, als der französische König Ludwig XIV. die Feindseligkeiten im Westen wieder aufnahm. Diese indirekte Ermutigung der Osmanen brachte ihm den Spitznamen des „allerchristlichsten Türken" ein. Im Jahr 1690 führte eine erfolgreiche Gegenoffensive der Osmanen zur Rückeroberung Belgrads. Erst im Jahr 1697, als sich die westlichen Mächte wiederum der Front im Osten zuwenden konnten, wurden die Osmanen in der Schlacht bei Senta vernichtend geschlagen. Im Frieden von Karlowitz (1699) wurde die Rückgewinnung der wichtigsten osmanischen Besitzungen in Zentraleuropa und Griechenland bestätigt und festgeschrieben.

Die Osmanen waren nicht gewillt, sich langfristig in die Verluste zu fügen. Im Jahr 1710 zogen sie gegen den russischen Zaren Peter I. zu Felde, der 1686 der Heiligen Liga beigetreten war und Azov erobert hatte. Peter führte diesen Krieg gemäß seinem Selbstverständnis als Verteidiger der Christenheit auf dem Balkan. Von Moskau aus, „dem dritten Rom", brach er nach Moldau auf. Doch der erwartete Aufstand der Christen auf dem Balkan blieb aus, so daß sich Peter 1711 am Fluß Prut geschlagen geben mußte.

Im Jahr 1715 nahmen die Osmanen den Krieg gegen Venedig wieder auf. Die Unzufriedenheit der orthodoxen Bevölkerung mit der venezianischen Herrschaft bewirkte, daß Morea und die venezianischen Ägäischen Inseln rasch in osmanische Hand fielen. Im Jahr 1716 intervenierten die Österreicher auf seiten Venedigs, schlugen die Osmanen im südlichen Ungarn bei Peterwardein und eroberten Belgrad zurück. Gleichzeitig schlugen die Venezianer eine Attacke der Osmanen auf Korfu zurück und eroberten Gebiete auf dem griechischen Festland.

Trotz dieser Erfolge war der Kaiser gezwungen, den Frieden von Passarowitz (1718) anzunehmen, da er seine Kräfte erneut ausbrechenden Feindseligkeiten im Westen zuwenden mußte. Venedig erhielt die Ionischen Inseln zurück und gewann Gebiete in Dalmatien und auf dem griechischen Festland hinzu. Die Halbinsel Morea, die Ägäischen Inseln, Tenos und die letzten Festungen auf Kreta mußten hingegen aufgegeben werden. Die Habsburger waren nun zur vorherrschenden christlichen Macht auf dem Balkan geworden.

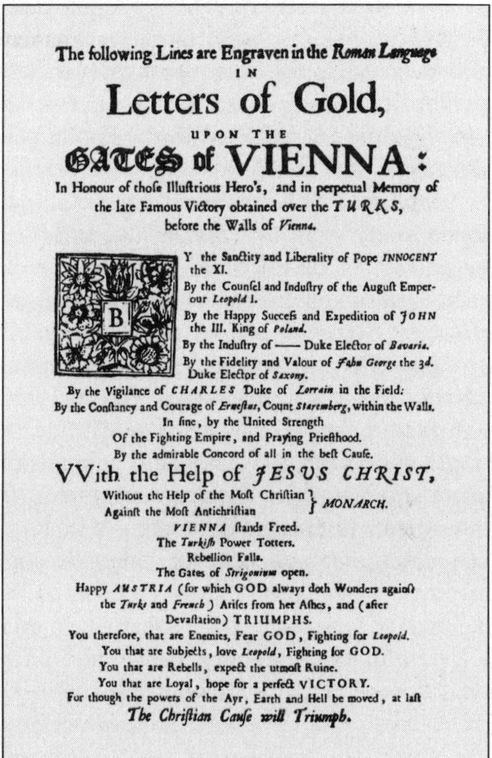

The following Lines are Engraven in the *Roman Language*
IN
Letters of Gold,
UPON THE
GATES of VIENNA:
In Honour of those Illustrious Hero's, and in perpetual Memory of the late Famous Victory obtained over the *TURKS*, before the Walls of *Vienna*.

BY the Sanctity and Liberality of Pope *INNOCENT* the XI.
By the Counsel and Industry of the August Emperour *Leopold* I.
By the Happy Success and Expedition of *JOHN* the III. King of *Poland*.
By the Industry of —— Duke Elector of *Bavaria*.
By the Fidelity and Valour of *John George* the 3d. Duke Elector of *Saxony*.
By the Vigilance of *CHARLES* Duke of *Lorrain* in the Field:
By the Constancy and Courage of *Ernestus*, Count *Staremberg*, within the Walls.
In fine, by the United Strength
Of the Fighting Empire, and Praying Priesthood.
By the admirable Concord of all in the best Cause.
VVith the Help of *JESUS CHRIST*,
Without the Help of the Most Christian } *MONARCH*.
Against the Most Antichristian } *MONARCH*.
VIENNA stands Freed.
The *Turkish* Power Totters.
Rebellion Falls.
The Gates of *Strigonium* open.
Happy *AUSTRIA* (for which GOD always doth Wonders against the *Turks* and *French*) Arises from her Ashes, and (after Devastation) TRIUMPHS.
You therefore, that are Enemies, Fear GOD, Fighting for *Leopold*.
You that are Subjects, love *Leopold*, Fighting for GOD.
You that are Rebells, expect the utmost Ruine.
You that are Loyal, hope for a perfect VICTORY.
For though the powers of the Ayr, Earth and Hell be moved, at last
The Christian Cause will Triumph.

Ein englisches Flugblatt aus dem Jahr 1684. Viele Flugblätter dieser Art wurden anläßlich der Belagerung Wiens herausgegeben. Es greift Ludwig XIV. von Frankreich an, den „allerchristlichsten Türken", dessen Außenpolitik Nutzen aus der osmanischen Invasion zog.

Der letzte Vorposten

In den zweihundertfünfzig Jahren, welche die Johanniter auf Malta verbrachten, wandelte sich der Orden von einer kämpferischen Kreuzzugsbruderschaft zu einer einflußlosen, anachronistischen Organisation.

Nachdem die Osmanen 1522 Rhodos erobert hatten (vgl. S. 137), zogen sich die überlebenden Johanniter nach Italien ins Exil zurück, ohne dort festes Quartier zu nehmen. Kaiser Karl V. setzte den Orden zur Verteidigung der im Mittelmeerraum gelegenen Gebiete seiner Herrschaft ein. Nur widerwillig besetzten die Johanniter Tripolis in Nordafrika und die kleinen Inseln Malta und Gozo. Die Seefestung St. Angelo im Großen Hafen und die Vorstadt Birgu wurden zum Hauptquartier der Johanniter auf Malta. Man unternahm allerdings nur geringe Anstrengungen, die Eroberungen zu befestigen, so daß 1551 Gozo von den Türken völlig zerstört und Tripolis zurückerobert wurde (vgl. S. 165). 1565 belagerten die Osmanen Malta. Die Uneinigkeit und Unentschlossenheit der türkischen Führer erlaubten dem Großmeister Jean de la Valette, eine effektive Verteidigung Maltas zu organisieren. Die Türken mußten in großer Sommerhitze kämpfen, ihre Verbindungslinien waren lang, während die spanische Flotte unter García de Toledo, dem Vizekönig von Palermo, zur Rettung Maltas bereitstand. Schließlich wurden die Türken in die Flucht geschlagen, was den Johannitern höchste Anerkennung einbrachte.

Nach der Belagerung wurde den Johannitern Malta übergeben. Sie legten ihr Hauptquartier in die neue Stadt Valletta, die man mit ausgedehnten Verteidigungsmauern umschloß. Birgu, nun in Vittoriosa umbenannt, und die Dörfer gegenüber von Valletta wurden von der mächtigen Cottoneralinie umgeben. Die Galeerenflotte des Ordens wurde verstärkt und nahm am Sieg bei Lepanto (vgl. S. 167) sowie an anderen Feldzügen teil. Die Ritter störten die Schiffahrt der Muslime durch eine Art genehmigter Piraterie, die Corso genannt wurde und für über zwei Jahrhunderte eine beständige Einnahmequelle des Ordens darstellte. Durch die Größe des Hafens und die Lockerung der Quarantänebestimmungen entstand auf Malta ein Zentrum des Handels. Die Erzeugung von Baumwolle (das landwirtschaftliche Hauptprodukt Maltas) und damit auch der Baumwollhandel nahmen zu, und mit steigendem Wohlstand wuchs die Bevölkerungszahl rapide.

Die Insel wurde zum Sitz eines glanzvollen Hofes mit internationalem Kulturleben. Beherrscht wurde sie von den sich aristokratisch gebenden Ordensrittern, die letztlich eine Art Gewaltherrschaft ausübten, wenn auch in etwas abgemilderter Form. Im späten 18. Jh. hatten die Ritter ihre militärische und religiöse Funktion verloren, waren vom Wohlstand korrumpiert und von der Freimaurerei unterwandert. Die europäischen Priorate, von denen Malta immer noch abhängig war, waren in der Reformation zerstört worden oder stellten die Unterstützung Maltas durch Männer und Gelder ein. Als die französische Nationalversammlung die Güter der Johanniter 1792 einzog, standen auch die Johanniter auf Malta vor dem Ende. Als Napoleón sie 1798 schlug, räumten sie widerstandslos diesen letzten verbliebenen Vorposten der Kreuzzugsbewegung.

Spuren der Kreuzzugsbewegung in unserer Zeit

Rasch spielten Kreuzzüge im Denken der Europäer keine Rolle mehr. Doch ein Phänomen, das über Jahrhunderte geschichtsmächtig war, hinterläßt zwangsläufig auch in der modernen Welt seine Spuren.

Kreuzzüge waren vornehmlich eine religiöse Bewegung und hinterließen deshalb vor allem in der Religion ihre Spuren. Obgleich sich die Befreiungskämpfer in Lateinamerika, Asien und Afrika dessen kaum bewußt sein dürften, ist die ihrer Bewegung zugrundeliegende Theologie der christlich legitimierten

Gewalt der Ideenwelt der Kreuzzüge verwandt. Kreuzzugsmotive klangen auch in den baltischen Ländern, auf dem Balkan, in Spanien und in Lateinamerika an, wenn die Herrschaft von Regierungen die sich als christlich verstanden, mit Gewalt durchgesetzt wurde. Die Cruzada (mit einer Kreuzzugssteuer verbundene Privilegien) wurde in der Diözese Pueblo (Colorado) erst 1945 abgeschafft.

Mehrere Phänomene, die der Zeit der Kreuzzüge entstammen, haben auch für die Gegenwart Bedeutung. So wird der Ablaß noch heute gewährt. Die Einkommenssteuer besitzt ihren Ursprung in den Steuern zur Finanzierung der Kreuzzüge. Die Wächterrolle der Franziskaner über die Hl. Stätten geht auf die päpstliche Bestätigung des Jahres 1342 zurück, als man die Unwahrscheinlichkeit der Rückeroberung des Hl. Landes einsah. Der Ursprung einiger geistlicher Orden sowie einer Reihe von Militär- und Ritterorden liegt in der Kreuzzugszeit. Das Amt des Titularbischofs, der nun von Rom mit besonderen Aufgaben betraut wird, geht auf die Epoche der muslimischen Rückeroberungen im 12. Jh. zurück, wo viele Prälaten aus ihren Diözesen vertrieben wurden (vgl. S. 105).

Die Maroniten, die Hauptgruppe eingeborener Christen in der Grafschaft Tripolis, dem heutigen Libanon, wurden 1181 zum Anschluß an Rom bewogen. Von ihren befestigten Bergdörfern aus kämpfen sie gegen den Islam und betrachten die Epoche der lateinischen Okkupation als goldenes Zeitalter. Ihr erbitterter Kampf um Unabhängigkeit wird erst vor dem Hintergrund ihrer bis in die Kreuzzugszeit zurückreichenden Geschichte verständlich.

Der Orden der Johanniter kehrte nach dem Verlust von Malta (vgl. S. 172) allmählich zu seiner ursprünglichen Aufgabe, der Sorge um bedürftige Kranke, zurück. Er wird noch heute nach internationalem Gesetz als souveräne Körperschaft betrachtet, deren Hauptquartier sich in Rom befindet. In Deutschland, Schweden und den Niederlanden entwickelten sich drei weitere protestantische Johanniterorden in alten Johanniterprovinzen. In England entstanden die Johanniter in den zwanziger Jahren des 19. Jh., als französische Ritter aus Malta eine Truppe aufzustellen suchten, zur Hilfe für die griechischen Unabhängigkeitskämpfer und zur Eroberung einer Insel als neues Hauptquartier. Diese Orden sind selbstverständlich nicht an die katholische Kirche gebunden, jedoch allgemein als Ritterorden anerkannt. Zusammen mit dem Orden von Malta umfassen sie über 50 000 Mitglieder, die sich wichtigen caritativen Aufgaben widmen.

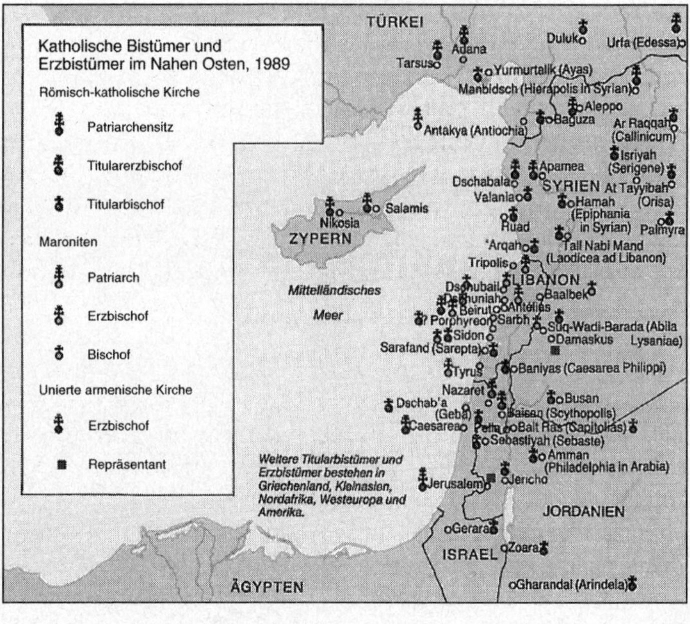

GLOSSAR

ʻAbbasiden: Dynastie sunnitischer Kalifen im Irak, in Bagdad (749–1258) und in Kairo (1261–1517). Die Dynastie führte ihre Herkunft auf al-ʻAbbas, den Onkel des Propheten Mohammed, zurück.

Aftervasall: Vasall eines Vasallen. Zwischen dem Aftervasall und seinem obersten Herren steht wenigstens ein weiterer Herr.

Aiyubiden: Nachkommen des Vaters Saladins und von 1169 bis in das späte 13. Jh. Herrscher über das Ägypten, Syrien und den Jemen umfassende Reich Saladins. Ein Familienzweig reichte bis zum Ende des 15. Jh.

Almohaden: Religiös-politische Führer in Nordwestafrika und Spanien (1130–1269), die auf die Herrscher der Almoravidendynastie folgten.

Almoraviden: Berberische Herrscher, die durch eine religiöse Bewegung an die Macht kamen. Ihre Herrschaft erstreckte sich über Nordwestafrika und Spanien (1056–1147).

Apanage: Zum Unterhalt der Witwe oder des jüngeren Kindes eines Königs verliehener Grundbesitz.

Armenische Kirche: Im 4. Jh. gegründete, unabhängige Kirche. Man betrachtete die Armenier als häretische Monophysiten, obgleich sie nicht völlig mit dieser Lehre übereinstimmten. In den späten neunziger Jahren des 12. Jh. akzeptierte eine Minderheit unter den Armeniern die Union mit der katholischen Kirche.

Assassinen: Radikale Schiitensekte, die ihren Kampf u. a. mit religiös motivierten Attentaten führte. Als sich die Fatimiden im Jahr 1094 spalteten, wurden die Assassinen von Hasan-i Sabbah gegründet, der Nizar, den ältesten Sohn des toten Kalifen, als rechtmäßigen Erben anerkannte. Hasan und seine Anhänger ließen sich in Alamut (Nordiran) nieder. Ein weiteres Zentrum wurde in Syrien eingerichtet. Im Jahr 1256 wurde Alamut von den Mongolen eingenommen. Die letzte syrische Festung fiel 1273 an die ägyptischen Mamluken.

Assisen: Bezeichnung für Gesetze im Königreich Jerusalem, die vom König erlassen wurden, nachdem er den Rat der Großen des Reiches eingeholt hatte.

Atabeg: Türkischer Militärbefehlshaber, der in den Provinzen den noch unerfahrenen Seldschukenprinzen als Tutor zugeordnet war.

Auberge (Herberge): Bei den Johannitern das abgeschlossene Innere des Gebäudekomplexes, in dem die Ritterbrüder ihren Dienst versahen und der Konvent seinen Sitz hatte.

Aydin: Türkisches Emirat im Westen Kleinasiens. Es umfaßte Smyrna und spielte unter Umur-Bey (gest. 1348) eine wichtige Rolle im Seekrieg in der Ägäis.

Bailli: Amt, das die Stellvertretung der Exekutivgewalt beinhaltete und im lateinischen Nahen Osten vielfältige Aufgabenbereiche umfaßte. Es wurde auf Männer übertragen, die als lokale Beamte, als Verwalter in den Ritterorden oder aber, bei Minderjährigkeit oder Abwesenheit des Königs, als dessen Stellvertreter wirkten.

Byzantinisches Reich: Erbe des Oströmischen Reiches. Es wurde von Konstantinopel aus regiert, bis die Stadt 1453 von den Osmanen erobert wurde.

Collachium: Durch Mauern abgetrennter Teil der Stadt Rhodos, wo die Johanniter in klösterlicher Abgeschiedenheit lebten.

Danischmeniden: Zwei Herrscherdynastien im Zentrum und Osten Kleinasiens (ca. 1071–1178), die von Danischmend, einem Ghazi (Glaubenskämpfer) gegründet wurde, der seine Herrschaft auf Kosten der Seldschuken von Rum ausdehnte.

Dhimmi: Schriftbesitzer. Die Gläubigen der Schriftreligionen (Juden- und Christentum) wurden in muslimischen Staaten toleriert. Sie hatten eine Kopfsteuer zu zahlen, wurden (z.B. in der Kleiderordnung) von der muslimischen Bevölkerung unterschieden und waren nur beschränkt rechtsfähig.

Domäne: Vgl. Krondomäne.

Dominikaner: Prediger- und Bettelorden, vom hl. Dominikus im frühen 13. Jh. gegründet.

Dragomanen: Örtliche Beamte von niedrigem Rang im Königreich Jerusalem, die wahrscheinlich als Dolmetscher und Vermittler die Rechte der Herren gegenüber ihren Dörfern vertraten.

Emir: Militärbefehlshaber. Der Titel kann auch den Inhaber einer Herrschaft bezeichnen.

Exkommunikation: Eine von der Kirche verhängte, gerichtliche Strafe. Sie umfaßte den Ausschluß aus der Kirche und die Verweigerung der Sakramente. Den Gläubigen wurde jeglicher Umgang mit den Exkommunizierten verboten.

Fatimiden: Familie schiitischer Kalifen, die zwischen 909 und 1171 in Nordafrika, Ägypten und Syrien herrschten. Sie führten ihre Abstammung auf Fatima, die Tochter des Propheten Mohammed und die Frau des vierten Kalifen, 'Ali, zurück.

Feudalismus (Lehensherrschaft): Unter ökonomischen Gesichtspunkten ein Wirtschaftssystem, das auf der Bereitstellung von Diensten im Austausch für Unterhalt oder Besitz basierte. In rechtlicher Hinsicht ein System von Abmachungen, in denen die Partei des Herren Schutz und Unterhalt, die des Vasallen Dienst und Treue versprach. Landbesitz in Form des als Lehen gepachteten Besitzes überwog gegenüber freiem Grundbesitz.

Franken: Ursprünglich ein Volk der Völkerwanderung, das im 5. Jh. in das Römische Reich eindrang. Im Hochmittelalter bezeichnete der Name all diejenigen, die in Nord- und Zentralfrankreich sowie in den französischsprachigen, kaiserlichen Grenzgebieten (wie z. B. Lothringen) lebten. Die Bevölkerung in den Gebieten des östlichen Mittelmeerraums dehnte den Begriff auf alle Kreuzfahrer und Siedler aus.

Franziskaner: Bettelorden, auch als Orden der Minderbrüder bezeichnet. Er wurde im frühen 13. Jh. vom hl. Franz von Assisi gegründet.

Gelübde: Der rechtliche Status von Gelübden entwickelte sich im Kirchenrecht gleichzeitig mit der Kreuzzugsbewegung. Gelübde wurden als freie Verpflichtung gegenüber Gott zu einer bestimmten Handlung oder Unterlassung verstanden. Sie konnten einfach (formlos und nicht erzwingbar) oder feierlich, von einzelnen oder allgemein (verbindlich für alle) abgelegt werden. Sie konnten zwingend, d. h. für die Erlösung notwendig, oder freiwillig sein, von unbedingter oder bedingter Gültigkeit. Das Kreuzzugsgelübde wurde im allgemeinen feierlich abgelegt, war immer auf einzelne bezogen und freiwillig sowie oftmals von Bedingungen abhängig.

Germian: Türkisches Emirat im Westen Kleinasiens.

Ghibellinen: Die kaisertreuen Parteien in den italienischen Städten des 13. und 14. Jh., die traditionell im Gegensatz zur Italienpolitik des Papstes und den papsttreuen Guelfen standen. Der Name leitet sich von „Waiblingen", dem Schlachtruf der Truppen der Staufer, ab.

Goldene Horde: Die Khane der Goldenen Horde (1226–1502) waren Nachkommen Jochis, des ältesten Sohns Dschingiz Khans, dem Westsibirien und die Kiptschaksteppe übergeben worden war. Batu und Orda, die Söhne Jochis, gründeten die Blaue Horde in Südrußland (Kerngebiet der Goldenen Horde) und die Weiße Horde in Westsibirien. Im 14. Jh. wurden beide Gruppen vereinigt.

Großkhanat: Kerngebiet des Mongolenreiches in Nordchina und in der Mongolei, das von Dschingiz Khan, seinem dritten Sohn Ögedey und dessen weiteren Nachkommen regiert wurde (1206–1368). Großkhane herrschten in der Mongolei bis in das 17. Jh.

Guelfen: Die papsttreuen Parteien in den italienischen Städten des 13. und 14. Jh., die traditionell die Italienpolitik des Papstes unterstützten und im Gegensatz zu den kaisertreuen Ghibellinen standen. Ihr Name leitet sich von der Dynastie der Welfen, den Gegnern der Staufer, ab.

Hadsch: Die Pilgerfahrt nach Mekka. Alle erwachsenen Muslime sind zu dieser Pilgerfahrt verpflichtet, soweit sie ihnen möglich ist.

Hafsiden: Herrscherdynastie in Tunesien und Ostalgerien (1228–1574) der Nachkommen Abu Hafs 'Umars, eines Generals der Almohaden.

Hammadiden: Zweig der Berberdynastie der Ziriden, der zwischen 1015 und 1152 über das Zentrum Nordwestafrikas herrschte, bis das Gebiet von den Almohaden erobert wurde.

Hanse: Zusammenschluß von Kaufleuten und ihrer Städte, der alle Handelszentren in Norddeutschland und dem Rheinland umfaßte. Die Hanse beherrschte im 14. Jh. den Nordseehandel und den Handel mit dem Baltikum.

Haute Cour von Jerusalem: Der Haute Cour umfaßte den König (oder seinen Stellvertreter) und alle Vasallen, die zu ihm in Lehensabhängigkeit standen. Nach ca. 1160 konnten ihm auch Aftervasallen angehören, die sowohl an den König als auch an ihre unmittelbaren Herren durch ein Lehensverhältnis gebunden waren.

Heiliges Römisches Reich: Vgl. Römisches Reich.

Hussiten: Tschechische Nationalisten und Reformer, die sich auf Jan Hus (als Ketzer 1415 verbrannt) beriefen. Jan Hus forderte das Abendmahl in beiderlei Gestalt, die Reform des Klerus, weltliche Rechtsprechung in Fragen der Moral, die Freiheit der Predigt sowie die Überprüfung der weltlichen Besitzungen der Kirche.

Ilkhanat: Herrschaftsgebiet der Nachkommen Hülägüs, des Enkels Dschingiz Khans, das Iran, Irak, Anatolien und den Kaukasus umfaßte.

Interdikt: Kirchenstrafe über ein bestimmtes Gebiet, die die Verweigerung der Dienste des Klerus beinhaltete.

Ismailiten: Vgl. Assassinen.

Jakobiten: Kirche der syrischen Monophysiten. Der Name leitet sich von Jakob Baradaeus ab, der im 6. Jh. die Monophysiten Syriens als unabhängige Kirche organisierte.

Johanniter: Mitglieder des Ordens vom Hospital des hl. Johannes in Jerusalem. Aus einer Hospitalsgründung Papst Gregors des Großen bildete sich zur Zeit des ersten Kreuzzugs ein freier religiöser Orden, der zwischen 1155 und 1160 seine Regel erhielt. Seit der Mitte des 12. Jh. entwickelte er sich aufgrund der Situation im Hl. Land zu einem Ritterorden, der seine vormals ausschließlich caritativen Ansprüche zugunsten des Kriegsdienstes zurückdrängte. Nach dem Fall Akkons (1291) sammelten sich die Johanniter zunächst auf Zypern, eroberten aber um 1310 Rhodos. Hier erlebten sie ihre zweite Blüte. Erst 1522 zwang das osmanische Vorrücken den Orden, die Insel aufzugeben und sich nach zwischenzeitlichem Exil in Italien ab 1530 auf Malta einzurichten. Im 18. Jh. begann sein machtpolitischer Niedergang.

Kalif: Als geistliches und weltliches Oberhaupt der Muslime Nachfolger und Stellvertreter des Propheten Mohammed. Bis zum 11. Jh. hatte sich die weltliche Macht des Kalifen durch die Übertragung von Zuständigkeiten an Beamte und das Entstehen rivalisierender Kalifate in Spanien und Ägypten vermindert.

Kanonisches Recht: Kirchenrecht.

Karasi: Türkisches Emirat im Nordwesten Kleinasiens.

Karmeliten: Mitglieder eines strengen Mönchsordens. Der Orden entstand aus einer Gruppe von Eremiten, die in Palästina auf dem Berg Karmel lebten und im frühen 13. Jh. eine Ordensregel erhielten.

Kastellan: Ein Offizier des Königs oder eines Herren, der als Befehlshaber für die Besatzung einer Burg zuständig war. Der Ausdruck kann auch einen Burggrafen bezeichnen.

Kilikisches Armenien (Kleinarmenien): Armenier, die in der zweiten Hälfte des 12. Jh. vor den anrückenden Osmanen flohen, siedelten in Kilikien und errichteten hier ihre Herrschaften. Im Jahr 1198 nahm León II., der armenische Herrscher von Kilikien, die Königskrone vom römischen Kaiser und erkannte somit dessen Oberlehenshoheit an.

Kommendatio: Bezeichnung für den feierlichen Akt, durch den Herr und Vasall eine Lehensbeziehung eingehen.

Konstabler: Militärischer Titel, der im Königreich Jerusalem dem Offizier der Krone verliehen wurde.

Konvent: Der Begriff kann Männer- und Frauenklöster jeglicher Art, die Gemeinschaft eines jeweiligen Klosters sowie die Versammlung der Stimmberechtigten eines Klosters (Konventualen) bezeichnen. Wichtigster Konvent der Johanniter war das Hauptquartier, wo der Großmeister seinen Sitz hatte.

Krondomäne: Land im persönlichen Besitz des Königs, von dem Teile an kleine Vasallen übergeben werden.

Kronvasall: Vasall des Königs.

Latein: Bis zum Beginn unseres Jh. die Sprache des katholischen Ritus.

Lazaritenorden: Im Kriegsdienst und der Krankenpflege tätiger Orden, der in der ersten Hälfte des 12. Jh. gegründet wurde. Die besondere Sorge galt den Aussätzigen, die seit dem 13. Jh. Ritterbrüder werden konnten.

Lehen: Lehen konnten in Form von Land, einem jährlichen Einkommen oder dem Recht auf Versorgung im Haus des Herren verliehen werden. Mit ihnen löst der Herr seine Verpflichtung zum Unterhalt des Vasallen ein.

Mariniden (Banu Marin): Berberdynastie, die im 13. Jh. in Gebieten Nordwestafrikas die Nachfolge der Almohaden antrat. Sie versuchte das Reich der Almohaden neu zu errichten und, erfüllt von der Idee des Dschihad, Spanien zurückzuerobern. Die

Dynastie herrschte über Marokko bis in das Jahr 1465. Ein Seitenzweig der Familie reichte bis 1549.

Mark: Grenzgebiet.

Maroniten: Die Maroniten bekannten sich im 7. Jh. zum Monotheletismus und spalteten sich von der orthodoxen Kirche ab. Ihr Name leitet sich vom hl. Maron (gest. vor 423) ab. Das an seinem Grab erbaute Kloster nahe Apamea wurde zum Zentrum der Maroniten. Im 10. Jh. wurden sie verdrängt und zogen sich in die libanesischen Berge zurück. Im Jahr 1181 vollzogen sie als erste unierte Kirche den Anschluß an Rom.

Marschall: Militärischer Rang unter dem Konstabler, von dem er im Königreich Jerusalem sein Amt als Lehen erhielt. In seinen Aufgabenbereich fiel insbesondere die Kavallerie.

Mentesche: Türkisches Emirat im Westen Kleinasiens.

Monophysitismus: Christliche Häresie. Ihre Vertreter gingen davon aus, daß Christus nur eine einzige, die göttliche Natur besaß. Sie standen hiermit im Gegensatz zur katholisch-orthodoxen Lehre von der zweifachen Natur Christi als Gott und Mensch.

Monotheletismus: Christliche Häresie. Ihre Vertreter gingen davon aus, daß Christus nur einen einzigen, den göttlichen Willen besaß.

Nizariner: Vgl. Assassinen.

Orden des hl. Thomas von Akkon: Englischer Orden im lateinischen Nahen Osten, der um 1190 gegründet wurde und etwa vierzig Jahre später zum Ritterorden wurde. Im 14. Jh. siedelte er sich in England an.

Orthodoxe Kirche: Die Ostkirche oder griechische Kirche umfaßte die griechischen Patriarchate von Konstantinopel, Antiochia, Alexandria und Jerusalem, die den Vorrang der Patriarchen von Konstantinopel anerkannten und sich im Mittelalter dem Schutz des byzantinischen Kaisers unterstellten. Hinzu traten die Kirchen von Georgien, Bulgarien, Serbien, Rußland und Rumänien.

Osmanisches Reich: Das von den Nachkommen Osmans (gest. ca. 1324) in Kleinasien, Nordafrika, auf arabischem Gebiet und auf dem Balkan errichtete Reich der Osmanen. Die Herrscherdynastie blieb bis 1924 an der Macht.

Patriarchate der katholischen Ostkirchen: Die fünf Hauptbezirke der Kirchenverwaltung (Alexandria, Antiochia, Konstantinopel,

Rom, Jerusalem). Unter den Patriarchen kam dem Patriarchen von Rom (Papst) der Vorrang zu. Jedem Patriarchen untersteht eine Kirchenhierarchie, die Erzbischöfe und Bischöfe umfaßt. Auch in der abendländischen Kirche wurde verschiedentlich der Titel des Patriarchen verliehen.

Prior: Klösterlicher Amtsinhaber unterhalb des Abtes, der nicht über dessen volle Amtsgewalt verfügt. Die Priore des Johanniterordens herrschten über die Ordensprovinzen und waren dem Meister und dem Generalkapitel des Ordens unterstellt.

Rais: Aus dem Arabischen stammender Titel für einen Beamten, der Befehlsgewalt über eine Gemeinde hatte und als Vermittler zwischen Regierung und Regierten fungierte. Im lateinischen Nahen Osten wurde der Titel besonders an Dorfoberhäupter vergeben.

Römisches Reich: Kaiserreich in der Traditionsfolge des antiken Römischen Reiches, im Jahr 800 von Karl dem Großen und dem Papst begründet. Der Ausdruck „Heiliges Römisches Reich" geht auf das Jahr 1158 zurück, wird jedoch von den meisten Historikern zur Bezeichnung des Reiches im späten Mittelalter und der frühen Neuzeit benutzt.

Saladinzehnt: Eine Steuer, die zehn Prozent des Einkommens oder des Wertes der beweglichen Güter betrug. Sie wurde 1188 in England und Frankreich erhoben.

Saruchan: Türkisches Emirat im Westen Kleinasiens.

Schiiten: Sammelbegriff für die Gläubigen einer Vielzahl von der sunnitischen Orthodoxie abweichenden Sekten, die alle 'Ali als legitimen Kalifen nach dem Tod Mohammeds anerkennen.

Schisma: Kirchenspaltung.

Schreiber: In den lateinischen Gebieten Palästinas und Syriens wurde der Titel (eine Übersetzung des entsprechenden arabischen Titels) an kleine Beamte vergeben, die mit der Sammlung von Einkünften betraut waren.

Seldschuken: 1. Großseldschuken: Die Nachkommen Tugrils I., der im Namen des sunnitischen Islam Iran und Irak eroberte. Die Seldschukensultane übten anstelle der Kalifen aus der 'Abbasidendynastie von 1055 bis 1194 die Herrschaft über das Gebiet aus.

2. Seldschuken von Rum: Ca. 1077 rebellierte der Sohn eines Anführers der Seldschuken gegen den Seldschukensultan und

ließ sich mit seinen Anhängern in Nicäa (Kleinasien) nieder. Später wurde Konya (Iconium) zur Hauptstadt. Im Jahr 1243 wurde das Sultanat den Mongolen tributpflichtig und 1307 von ihnen erobert.

Seneschall: Höchster Offizier im Königreich Jerusalem. In der Abwesenheit des Königs saß er dem Haute Cour vor. Er leitete die Finanzverwaltung und hatte die Oberaufsicht über die Festungen des Königs.

Sultan: In der Hierarchie dem Kalifen unmittelbar nachfolgender Titel, der zuerst von den Seldschuken benutzt wurde und die Ausübung der Exekutivgewalt beinhaltete. Die Macht eines Sultans konnte die eines Königs übersteigen.

Sunna: Theorie und Praxis des orthodoxen Islam, dem die meisten Muslime anhängen.

Sunniten: Gläubige einer der beiden Hauptrichtungen des Islam, der sich über die Frage nach der legitimen Nachfolge Mohammeds spaltete. Für die Sunniten, welche die Mehrheit der Muslime bilden, gründet religiöse Autorität im allgemeinen Konsens der Gemeinschaft der Gläubigen auf dem Boden des Heiligen Gesetzes.

Taifakönigreiche: Das spanische Umaiyadenkalifat von Córdoba wurde im Jahr 1031 ausgelöscht, so daß Spanien in die muslimischen Taifakönigreiche zerfiel, die von wechselnder Gestalt waren und von regionalen Dynastien beherrscht wurden.

Teke: Türkisches Emirat im Südwesten Kleinasiens.

Titularbischof: Bischof der katholischen Kirche mit allen bischöflichen Vollmachten außer dem Recht auf einen Bischofssitz und auf Gerichtsbarkeit, da die Diözese in den meisten Fällen in Gebieten außerhalb des katholischen bzw. christlichen Herrschaftsbereiches liegt.

Troubadoure: Dichterkomponisten, ursprünglich aus dem Languedoc und der Provence, die im besonderen *Cansos* (Liebeslieder) und *Sirventes* (politisch-moralische Lieder) verfaßten. In Deutschland haben sie die Minnesänger, in Nordfrankreich die Trouvères beeinflußt.

Tschagataikhanat: Tschagatai, dem Sohn Dschingiz Khans, wurden Gebiete in Transoxanien, Ostturkestan und Semireche übergeben. Der eigentliche Gründer des Khanats war jedoch sein Enkel Alughu, der Chwarasme, Westturkestan und Afghanistan, die Zentren des Khanats, eroberte. Obgleich Timur die Dynastie stürzte, bestand ein Familienzweig bis zum 17. Jh. fort.

Turkopolen: Bezeichnung im lateinischen Nahen Osten für einheimische Reiter oder für europäische Söldner, die in einheimischer Ausrüstung kämpften.

Unierte Kirchen: Ostkirchen, die sich der katholischen Kirche angeschlossen haben, den Papst als ihr Haupt anerkennen, aber dennoch die Riten, das kanonische Recht und die Bischöfe der Ostkirche beibehalten.

Vasall: Der Untergebene in einem Lehensverhältnis. Für das ihm verliehene Lehen ist er gegenüber dem Herrn zu Dienst und Treue verpflichtet.

Wenden: Gruppe heidnischer Slawen, welche die baltische Küste von der Kieler Bucht bis zur Weichsel besetzt hielten.

Wesir: Hoher Minister, der in zivilen Fragen die Autorität des Kalifen oder Sultans ausübte.

Chronologie

Kreuzzüge in den Nahen Osten	*Kreuzzüge in Europa und Nordafrika*	*Hintergrundereignisse*
1095 Juli 1095 – Sept. 1096: Reise Papst Urbans II. durch Frankreich. Nov.: Konzil von Clermont. 27. Nov.: Papst Urban II. predigt den ersten Kreuzzug. Dez – Juli 1096: Die ersten Judenverfolgungen in Europa durch die Kreuzfahrer.		1095 März: Konzil von Piacenza. Vertreter des Byzantinischen Reiches bitten den Westen um Hilfe.
1096 März: Die erste Heereswelle der Kreuzfahrer bricht auf Juni – Aug.: Drei Armeen der ersten Welle werden in Ungarn geschlagen. Sept. – Okt.: Die Kreuzfahrer unter Führung Peters des Einsiedlers werden in Kleinasien geschlagen.	1096 Papst Urban 11. dehnt den Kreuzzug auf Spanien aus.	
1097 19. Juni: Nicäa ergibt sich den Byzantinern. 1. Juli: Schlacht bei Dorylaeum. 21. Okt. – 3. Juni 1098 Belagerung von Antiochia.	1097 Die Truppen Aragóns nehmen Huesca ein.	
1098 10. März: Balduin von Boulogne errichtet die Grafschaft Edessa. 28. Juni: Schlacht um Antiochia.		
1099 15. Juli: Die Kreuzfahrer nehmen Jerusalem ein. 22. Juli: Gottfried von Bouillon wird zum Herrscher über		

Jerusalem gewählt. 12. Aug.: Schlacht von Askalon.

1100 18. Juli: Tod Gottfrieds von Bouillon. Sept.: Die ersten Truppen der dritten Kreuzfahrerwelle brechen auf

1100–1118 Balduin von Boulogne, König von Jerusalem.

1101 Aug. – Sept.: Kreuzzugsheere schlagen die Türken in Kleinasien.

1106 Boemund von Tarent versucht in Frankreich Truppen anzuwerben.

1107 Aufbruch des Kreuzzuges Sigurds von Norwegen. Okt.: Boemunds von Tarent Kreuzzug sammelt sich in Apulien.

1108 Sept.: Boemund von Tarent ergibt sich den Byzantinern.

1110 4. Dez.: Sidon fällt an die Truppen Jerusalems und die norwegischen Kreuzfahrer.

1113 Papst Paschalis 11. erkennt das Hospital des hl. Johannes in Jerusalem an.

1114 Kreuzzug Graf Berengars von Barcelona gegen die Muslime auf den Balearen und an der Küste des spanischen Festlandes.

Kreuzzüge in den Nahen Osten	*Kreuzzüge in Europa und Nordafrika*	*Hintergrundereignisse*
1118 Gründung des Templerordens.	1118 Papst Gelasius II. ruft zu einem Kreuzzug auf. 19. Dez.: Saragossa fällt an die Kreuzfahrer.	
1118–1131 Balduin II., König von Jerusalem.		
1122 Papst Calixt II. ruht einen Kreuzzug in Osteuropa und Spanien aus.	1120 Wiederherstellung des Erzbistums Tarragona.	
1123 März – April: Das Erste Laterankonzil erläßt Privilegien für die Kreuzfahrer.	1122 Kreuzzugsaufruf in Spanien. 1123 Die Kreuzzugsprivilegien werden den Kreuzfahrern in Spanien verliehen.	
1124 7. Juli: Tyrus fällt an die Truppen Jerusalems und die Kreuzfahrer.	1125–1126 Die Truppen Alfons' I. von Aragón fallen in Südspanien ein.	
1128 Ein neuer Kreuzzug wird von Hugo von Payens dem Großmeister der Templer, und anderen gepredigt. Aufbruch der Kreuzfahrer.		1127 Zengi wird zum Gouverneur von Mosul ernannt.
1129 Nov.: Die vereinigten Truppen Jerusalems und der Kreuzfahrer greifen Damaskus an.		1128 Jan.: Auf dem Konzil von Troyes wird der Orden der Tempelritter anerkannt. 18. Juni: Zengi besetzt Aleppo.
1131–1143 Fulko V., König von Jerusalem.		
1131–1152 Melisendis, Königin von Jerusalem.		
1136 Die Burg Bethgibelin wird den Johannitern übertragen. Zug der Templer ins Amanusgebirge.	1135 Mai: Konzil von Pisa Innozenz III. stellt den Kreuzzugsablaß für den Kampf gegen die Normannen in Süditalien und gegen den Gegenpapst Anaklet in Aussicht.	
1144 24. Dez.: Edessa fällt an Zengi.		

1145 1. Dez.: Papst Eugen 111. erläßt die Kreuzzugsbulle „Quantum praedecessores", in der er zum zweiten Kreuzzug aufruht.		
1146 Judenverfolgungen im Rheinland.		1146 14. Sept.: Zengi wird bei einem Attentat getötet. Nur al-Din tritt in Aleppo seine Nachfolge an.
1146–1147 Der hl. Bernhard von Clairvaux predigt den Kreuzzug.		
1147 Mai: Aufbruch der ersten Kreuzfahrertruppen in den Nahen Osten. Okt.: Das Heer Konrads III. wird nahe Dorylaeum in Kleinasien geschlagen.	1147 Papst Eugen III. weitet den Kreuzzug auf Spanien aus. 13. April: Der Papstbrief „Divina dispensatione" ermächtigt die Deutschen zum Kreuzzug gegen die Wenden. Juli – Sept.: Feldzüge der Deutschen gegen die Wenden. 17. Okt.: Die Kreuzfahrer nehmen Almeria ein. 24. Okt.: Kreuzfahrer aus Portugal und Nordeuropa erobern Lissabon.	
1148 20. Jan.: Ludwig VII. erreicht Antalya. 24. –28. Juli: Die Truppen des zweiten Kreuzzugs werden vor Damaskus geschlagen.		
1149 15. Juli: Weihe der neuen Grabeskirche in Jerusalem.	1149 24. Okt.: Lérida fällt an die christlichen Truppen aus Barcelona.	
1151 12. Juli: Die letzte Festung in der Grafschaft Edessa ergibt sich Nur al-Din.		
1152–1163 Balduin III., König von Jerusalem.		
1153 22. Aug.: Die Christen nehmen Askalon ein.	1153 Ermächtigung zu einem Kreuzzug in Spanien.	1154 25. April: Nur al-Din besetzt Damaskus.
1157–1184 Sieben päpstliche Aufrufe zum Kreuzzug finden kaum Widerhall.	1157 Ermächtigung zu einem Kreuzzug in Spanien.	

Kreuzzüge in den Nahen Osten	*Kreuzzüge in Europa und Nordafrika*	*Hintergrundereignisse*
1163–1174 Amalrich, König von Jerusalem.	1158 Gründung des Orden von Calatrava.	
1163 Sept.: Amalrichs erster Feldzug nach Ägypten.		
1164 Aug..–Okt.: Amalrichs zweiter Feldzug nach Ägypten.		
1167 Jan.–Aug.: Amalrichs dritter Feldzug nach Ägypten.	ca. 1166 Gründung des Ordens von Aviz (als Orden von Évora).	
1168 Okt.–Jan. 1169: Amalrichs vierter Feldzug nach Ägypten.		
1169 Okt.–Dez.: Amalrichs fünfter Feldzug nach Ägypten.	1170 Gründung des Ritterordens vom hl. Jakob.	1169 23. März: Saladin übt für Nur al-Din die Herrschaft über Ägypten aus.
	1171 Ermächtigungzu einem Kreuzzug in das Baltikum.	1171 23. Jan.: Mosul erkennt die Oberherrschaft Nur al-Dins an.
	1172 Verteidigung von Huete.	1172 10. Sept.: Saladin ruft das 'Abbasidenkalifat in Ägypten aus.
1174–1186 Balduin IV., König von Jerusalem.	ca. 1173 Gründung des Ordens von Montegaudio.	1174 15. Mai: Tod Nur al-Dins. 28. Okt.: Saladin besetzt Damaskus.
	1175 Ermächtigung zu einem Kreuzzug in Spanien.	
	ca. 1175 Gründung des Ordens von Alcántara (als Orden des hl. Julian von Pereiro).	
1177 Kreuzzug Philipps von Flandern. 25. Nov.: Die Christen schlagen Saladin am Berg Gisard.	1177 Die Christen nehmen Cuenca ein.	1176 17. Sept.: Die Byzantiner werden von den Seldschuken bei Myriokephalon geschlagen.

1183 Rainald von Chatillon unternimmt einen gegen Mekka gerichteten Angriff.		1183 11. Juni: Aleppo erkennt die Oberherrschaft Saladins an.
1185–1186 Balduin V., König von Jerusalem.		
1186–1192 Guido von Lusignan, König von Jerusalem.		1186 3. März: Mosul erkennt die Oberherrschaft Saladins an.
1186–1190 Sibylle, Königin von Jerusalem.		
1187 4. Juli: Saladin vernichtet das christliche Heer bei Hattin. 2. Okt.: Saladin nimmt Jerusalem ein. 29 Okt.: Papst Gregor VIII. ruft in der Bulle „Audita tremendi" zum dritten Kreuzzug auf. Nov.: Richard von England nimmt das Kreuz.		
1188 Jan.: Heinrich II. von England und Philipp II. von Frankreich nehmen das Kreuz. Der Saladinzehnte wird erhoben. März: Kaiser Friedrich I. nimmt das Kreuz. Frühjahr: Predigtreise Erzbischof Balduins von Canterbury.		
1189 Mai: Friedrich I. bricht von Regensburg aus auf. 27. Aug.: König Guido von Jerusalem beginnt mit der Belagerung Akkons.	1189 3. Sept.: Die Christen nehmen Silves ein.	

Kreuzzüge in den Nahen Osten	*Kreuzzüge in Europa und Nordafrika*	*Hintergrundereignisse*
1190–1205 Isabella I., Königin von Jerusalem.		
1190 10. Juni: Friedrich I. ertrinkt. Juli: Richard I. von England und Philipp II. von Frankreich brechen von Vézelay aus auf.		
1191 Richard I. erobert Zypern. Die Kreuzfahrer nehmen Akkon ein. 7. Sept.: Schlacht von Arsuf.	1191 Die Dänen greifen Finnland an.	
1192–1194 Guido von Lusignan wird zum Herrscher über Zypern, nachdem er die Insel von Richard I. erworben hat.		
1192 Jan.: Richard I. steht kurz vor Jerusalem. Juni: Richard steht zum zweiten Mal vor Jerusalem. Aug.: Richard verteidigt Jaffa. 2. Sept.: Vertrag Richards mit Saladin.	1193 Der Papst gewährt den Verteidigern der Kirche Livlands den Kreuzzugsablaß. Kreuzzugsaufruf in Spanien.	1193 4. März: Tod Saladins.
1194–1205 Aimerich von Lusignan, Herrscher über Zypern.	1194 Die Dänen greifen Estland an.	
1195 Kaiser Heinrich VI. nimmt das Kreuz.	1195 19. Juli: Die Muslime siegen bei Alarcos.	1195 8. April: Absetzung und Blendung des byzantinischen Kaisers Isaak II. Angelos durch seinen Bruder Alexios III.
1197–1205 Aimerich von Lusignan, König von Jerusalem und Zypern.	1197 Der Papst erneuert den Ablaß für Livland Die Dänen greifen Estland an. Kreuzzugsaufruf in Spanien.	
1197–1198 Deutscher Kreuzzug.		
1198 6. Jan.: Das kilikische Armenien wird zum Königreich. Die deutsche		

Hospitalgenossenschaft zur Betreuung von Feldlazaretten wird in den Deutschen Orden umgewandelt. Aug.: Aufruf zum vierten Kreuzzug.	
1199 28. Nov.: Turnier von Écry. Viele Adlige nehmen das Kreuz. Dez.: Erste direkte Kirchenbesteuerung zur Kreuzzugsfinanzierung.	1199 5. Okt.: Aufruf zu einem Kreuzzug nach Livland. 24. Nov.: Aufruf zum Kreuzzug gegen Markward von Annweiler.
1201 Febr.: Venedig sichert den Transport des vierten Kreuzzuges auf dem Seeweg zu.	
1202 Okt.: Der vierte Kreuzzug segelt von Venedig ab. 24. Nov.: Die Kreuzfahrer nehmen Zara ein.	1202 Errichtung des Schwertbrüderordens in Livland.
1203 17. Juli: Die Kreuzfahrer greifen Konstantinopel an. Machtwechsel im Byzantinischen Reich. Isaak II. Angelos und Alexios IV. nehmen den Thron von Alexios III. ein.	
1204 1. Febr.: Alexios V. gelangt durch einen Staatsstreich auf den byzantinischen Thron. 12.–15. April: Die Kreuzfahrer plündern Konstantinopel. 9. Mai: Graf Balduin von Flandern wird zum lateinischen Kaiser von Konstantinopel gewählt. Winter 1204–1205: Eroberung der Halbinsel Morea durch Gottfried von Villehardouin und Wilhelm von Champlitte.	1204 Der Papst erlaubt Bischof Albert von Riga reguläre Truppen für den Kreuzzug nach Livland anzuwerben.

Kreuzzüge in den Nahen Osten	*Kreuzzüge in Europa und Nordafrika*	*Hintergrundereignisse*
1205–1218 Hugo I., König von Zypern.		
	1206 Dänischer Kreuzzug nach Ösel.	
1208 Ein Kreuzzugsaufruf des Papstes findet kaum Widerhall.	1208 14. Jan.: Der päpstliche Legat Petrus von Castelnau fällt einem Attentat zum Opfer. Aufruf zum Kreuzzug gegen die Katharer.	
	1209 Erster Feldzug gegen die Katharer. 22. Juli: Plünderung von Béziers.	
1210–1225 Johann von Brienne, König von Jerusalem.	1210 Die Dänen greifen Preußen an.	
1210–1212 Maria, Königin von Jerusalem.		
	1211 Sept.: Die Muslime erobern Salvatierra.	1211–1212 Die Mongolen erobern Nordchina.
1212 Frühjahr: Kinderkreuzzug.	1212 Kreuzzugsaufruf in Spanien. 17. Juli: Sieg der Christen in der Schlacht von Las Navas de Tolosa.	1211 Der Deutsche Orden wird vom König von Ungarn gegen die Kumanen zu Hilfe gerufen und erhält von diesem das östliche Siebenbürgen.
1213 April: Papst Innozenz III. proklamiert in der Bulle „Quia major" den fünften Kreuzzug.	1213 Die militärischen Operationen in Spanien und gegen die Katharer werden zugunsten des fünften Kreuzzuges vermindert. 12. Sept.: Simon von Montfort schlägt Peter von Aragón und Raimund von Toulouse in der Schlacht von Muret.	
1215 Nov.–Dez.: Viertes Laterankonzil. Festlegung der Kreuzfahrerprivilegien („Ad liberandam"). Verbindliche Regelung der Kirchenbesteuerung.	1216 28. Okt.: Der jugendliche König Heinrich III. von England nimmt das Kreuz zum Kampf gegen englische Rebellen.	

1217 Aug.: Aufbruch der ersten Kontingente des fünften Kreuzzuges. Herbst–Winter: Kreuzfahrer in Palästina.		
1218–1253 Heinrich I., König von Zypern.	1218 25. Juni: Simon von Montfort wird vor Toulouse getötet.	
1218 27. Mai: Die Truppen des fünften Kreuzzuges landen in Ägypten.		
1219 5. Nov.: Die Kreuzfahrer besetzen Damiette.	1219 Die Dänen fallen in Nordestland ein.	1219–1220 Zentralasien fällt an die Mongolen.
1221 17. Juli: Die Truppen des fünften Kreuzzuges stoßen in das Innere Ägyptens vor. 30. Aug.: Die Kreuzfahrer werden bei Mansurah geschlagen. 8. Sept.: Die Kreuzfahrer verlassen Ägypten.		
1225 Durch die Heirat mit Isabella, der Tochter König Johanns von Brienne, erwirbt Kaiser Friedrich II. einen Anspruch auf das Königreich Jerusalem.	1225 Die Ritter des Deutschen Ordens werden nach Preußen gerufen.	
1225–1228 Isabella II., Königin von Jerusalem.	1226 In der Goldenen Bulle von Rimini wird dem Hochmeister des Deutschen Ordens der Status eines Reichsfürsten verliehen. Jan.: König Ludwig VIII. von Frankreich gelobt einen Kreuzzug gegen die Katharer. 9. Sept.: Avignon fällt an die Kreuzfahrer. 8. Nov.: Tod Ludwigs VIII.	
	1227 Kreuzzugsaufruf gegen die Häretiker in Bosnien (1234 erneuert).	1228–1230 Invasion päpstlicher Truppen in das Gebiet Kaiser Friedrichs II. in Süditalien.

Kreuzzüge in den Nahen Osten	*Kreuzzüge in Europa und Nordafrika*	*Hintergrundereignisse*
1229 28. März: Friedrich II. setzt sich in der Grabeskirche die Krone des Königreichs Jerusalem auf. 14. Juli: Schlacht von Nikosia.	1229-1231 Kreuzzug Jakobs I. von Aragón nach Mallorca.	
1229–1233 Bürgerkrieg auf Zypern.	1229 Beginn der Eroberung Preußens durch den Deutschen Orden. In Spanien wird ein neuer Kreuzzug ausgerufen. Kreuzzug gegen die Katharer.	
1231–1242: Die Gemeinde von Akkon verkörpert den Widerstand gegen Friedrich II. in Palästina.	1231 Kreuzzug Johanns von Brienne nach Konstantinopel. Kreuzzug Ferdinands III. von Aragón.	
1232 15. Juni: Schlacht von Agridi (Zypern).	1232–1234 Kreuzzug gegen die Stedinger Bauern.	
	1232–1253 Jakob I. von Aragón erobert Valencia.	
	1233 Inquisitionsprozesse in Toulouse.	
1235 Johann von Brienne rettet Konstantinopel. Niederlage der Byzantiner und Bulgaren.	1234 Preußen wird päpstliches Lehen.	
	1236 Kreuzzugsaufruf zur Unterstützung Konstantinopels gegen die Byzantiner und Bulgaren. 29. Juni: Ferdinand III. von Kastilien erobert Córdoba.	
	1237 Der Schwertbrüderorden in Livland geht im Deutschen Orden auf.	1237–1239 Zentralrußland fällt an die Mongolen.
1239–1241 Theobald von der Champagne, König von Navarra, und Richard von Cornwall führen, trotz eines Verbots Papst Gregors IX., einen Doppelkreuzzug an.	1239 Sommer: Der Kreuzzug bricht nach Konstantinopel auf.	

	1240: Papst Gregor IX. ruft einen Kreuzzug gegen Kaiser Friedrich II. aus (erneuert 1244).	1240 Die Ukraine fällt an die Mongolen.
	1241 Kreuzzugsaufruf gegen die Mongolen (erneuert 1243 u. 1249).	1241 Die Mongolen fallen in Polen und Ungarn ein. April: Schlacht von Liegnitz.
1243–1254 Konrad, König von Jerusalem.	1242 Erster Aufstand der Preußen gegen die Ritter des Deutschen Ordens. 5. April: Fürst Alexander Newsky von Nowgorod schlägt die Ritter des Deutschen Ordens am Peipussee.	1243 2. Juli: Die Seldschuken werden von den Mongolen bei Köse Dag geschlagen.
1244 Das Königreich Jerusalem schließt mit Damaskus und Transjordanien ein Bündnis gegen Ägypten. 11. Juli – 23. Aug.: Jerusalem fällt an die Hwarizmier. 17. Okt.: Niederlage der Christen in der Schlacht von La Forbie.	1245 Der Deutsche Orden wird ermächtigt, einen dauernden Kreuzzug gegen die Preußen zu führen.	1245 Juni–Juli: Auf dem Ersten Konzil von Lyon wird die Frage eines Kreuzzuges gegen die Mongolen diskutiert und Kaiser Friedrich II. abgesetzt.
1248–1254 Kreuzzug Ludwigs IX. von Frankreich.	1248 Okt.: Der Kreuzzug gegen Friedrich II. führt zur Einnahme Aachens. 23. Nov.: Ferdinand III. von Kastilien erobert Sevilla.	1249 22. Nov.: Tod al-Salih Aiyubs von Ägypten.
1250–1254 Ludwig IX. in Palästina.	1252 Gründung Memels.	1250 2. Mai: Turan-Schah wird bei einem Attentat getötet. Herrschaft der Sultanin Schagar al-Durr und des Mamlukensultans Aybak in Ägypten.
1253–1267 Hugo II., König von Zypern.		
1254–1268 Konradin, König von Jerusalem.	1254 König Ottokar II. von Böhmen, Rudolf von Habsburg und Otto von Brandenburg führen einen Kreuzzug nach Böhmen an. Gründung Königsbergs.	
1254 Errichtung der französischen Herrschaft über Akkon.		

Kreuzzüge in den Nahen Osten	*Kreuzzüge in Europa und Nordafrika*	*Hintergrundereignisse*
1256–1258 Bürgerkrieg in Akkon (Krieg des hl. Sabas).	1255 Kreuzzugspredigt gegen den Staufer Manfred sowie gegen Ezzelino und Alberich von Romana.	1256 20. Dez.: Die Assassinenfeste Alamut wird von den Mongolen zerstört.
1259 In der Schlacht von Pelagonia Niederlage der Lateiner von Achaia gegen die Byzantiner.		1257 11. April: Aybak wird bei einem Attentat getötet.
		1258 Febr.: Die Mongolen plündern Bagdad.
		1259 12. Nov.: Kutuz wird zum Sultan von Ägypten ausgerufen.
1260 Antiochia und das kilikische Armenien verbünden sich mit den Mongolen.	1260 Die Ritter des Deutschen Ordens aus Livland werden von den Litauern bei Durben geschlagen. Zweiter preußischer Aufstand. Truppen des kastilischen Kreuzzugs besetzen zeitweise Salé in Marokko.	1260 Mongoleneinfall in Syrien. 3. Sept.: Die Mongolen werden in der Schlacht von 'Ayn Dschalut geschlagen. 23. Okt.: Kutuz wird bei einem Attentat getötet. Baibars wird Sultan von Ägypten.
1261 25. Juli: Die Byzantiner erobern Konstantinopel zurück. Die Lateiner überlassen den Byzantinern Monembasia, Mistra und Maina.		1261 15. Aug.: Der byzantinische Kaiser Michael VIII. wird in Konstantinopel gekrönt.
1263 Baibars zerstört Nazaret.		
1265 Baibars nimmt Caesarea und Arsuf ein.	1265 Okt.: Der Kreuzzug Karls von Anjou verläßt Frankreich	
1266 Baibars nimmt Saphet ein.	1266 Jan.: Karl von Anjou wird zum König von Sizilien gekrönt. 16. Febr.: Manfred wird von den Kreuzfahrern in der Schlacht von Benevent geschlagen und getötet.	
1267–1284 Hugo III., König von Zypern.		
1267 24. März: Ludwig IX. nimmt das Kreuz. 24. Mai: Achaia fällt an Karl von Anjou.		

1268 Baibars nimmt Jaffa, Belfort und Antiochia ein. Juni: Eduard von England nimmt das Kreuz.

1269–1284 Hugo III., König von Jerusalem.

1269 Dez.: Der Kreuzzug aus Aragón erreicht Akkon.

1270 2. Juli: Aufbruch des französischen Kreuzzuges. 18. Juli: Die Franzosen landen in Tunis. Aug.: Eduard verläßt England. 25. Aug.: Ludwig IX. stirbt in Tunis. 11. Nov.: Die Kreuzfahrer verlassen Tunis.

1271 Baibars nimmt Chastel Blanc, Krak des Chevaliers und Montfort ein. Anerkennung Karls von Anjou als König von Albanien. 9. Mai: Eduard erreicht Akkon. Nov.: Eduard greift Caco an.

1272 22. Sept.: Heimkehr Eduards nach England.

1274 Zweites Konzil von Lyon.
18. Mai: Kreuzzugsdekret „Constitutiones pro zelo fidei".

1276 Okt.: König Hugo von Jerusalem geht nach Zypern.

1268 23. Aug.: Die Kreuzfahrer schlagen Konradin, den letzten Staufer, in der Schlacht von Tagliacozzo.
29. Okt.: Hinrichtung Konradins.

Kreuzzüge in den Nahen Osten	*Kreuzzüge in Europa und Nordafrika*	*Hintergrundereignisse*
1277 Maria von Antiochia verkauft die Krone des Königreichs Jerusalem an Karl von Anjou. Sept.: Der Stellvertreter Karls kommt in Akkon an. Das Königreich ist in Anhänger und Gegner Karls gespalten.		1277 1. Juli: Tod Baibars.
1277–1283 Bürgerkrieg in der Grafschaft Tripolis.		1279 Dez.: Kalavun wird Sultan von Ägypten.
1278 1. Mai: Tod Wilhelms von Villehardouin. Karl von Anjou übernimmt die Herrschaft über Achaia.	1283 13. Jan.: Kreuzzug gegen Sizilien. Kreuzzugsaufruf gegen Aragón.	1282 30. März: Sizilianische Vesper. 30. Aug.: Peter von Aragón landet auf Sizilien.
1284–1285 Johann I., König von Jerusalem und Zypern.	1284 Juni: Der Erbe Karls von Anjou, Karl von Salerno, wird von den Aragónesen gefangengenommen.	
1285–1324 Heinrich II., König von Zypern.	1285 Frühjahr: Die Franzosen unternehmen einen Kreuzzug gegen Aragón. Okt.: Rückzug der Franzosen. Tod Philipps III. von Frankreich.	1285 7. Jan.: Tod Karls von Anjou.
1285 Kalavun nimmt Margat ein.		
1286 4. Juni: Das Königreich Jerusalem wird unter Heinrich von Zypern wiedervereint. 15. Aug.: Krönung Heinrichs zum König von Jerusalem.		
1287 Muslime nehmen Latakia ein. 18. Juni: Der Kreuzzug Alices von Blois landet in Akkon.		
1288 Kreuzzug Johanns von Grailly.		
1289 26. April: Kalavun nimmt Tripolis ein.		

1290 Kreuzzug Odos von Grandson und der Norditaliener.		1290 4. Nov.: Tod Kalavuns. al-Aschraf Khalil wird Sultan von Ägypten.
1291 5 April: Beginn der Belagerung Akkons. 18. Mai: Akkon fällt an al-Aschraf Khalil. Juli: Fall Sidons und Beiruts. Aug.: Die Christen räumen Tortosa und Château Pèlerin.	1299 Schlacht am Kap Orlando. Seesieg des Hauses Anjou über Aragón.	1299 22. Dez.: Die Mongolen schlagen die Mamluken nahe Homs.
1300 Gerüchte über ein Vorrücken der Mongolen nach Palästina entfachen die Kreuzzugsbegeisterung im Abendland neu.		
1302 Die Muslime nehmen die Insel Ruad ein. Wahrscheinlicher Zeitpunkt des Endes der abendländischen Herrschaft über Gibelet.	1302 31. Aug.: Im Vertrag von Caltabellotta wird die Herrschaft Aragóns über Sizilien anerkannt.	
1306 April–Mai: Die Herrschaft über Zypern wird von König Heinrich auf seinen Bruder Amalrich von Lusignan übertragen. 23. Juni: Beginn der Johanniterinvasion auf Rhodos.	1306–1307 Kreuzzug gegen die Anhänger Fra Dolcinos im Piemont.	
	1307 Kreuzzugsaufruf zur Unterstützung der Ansprüche Karls von Valois auf Konstantinopel.	1307 13. Okt.: Die Mitglieder des Templerordens werden in Frankreich gefangengesetzt. Nov.: Papst Clemens V. ordnet die Festnahme der Templer in allen Ländern der Christenheit an.
1309: Volkskreuzzüge sammeln sich im Abendland. Die Johanniter verlegen ihr Hauptquartier nach Rhodos.	1308–1309 Der Deutsche Orden erwirbt Ostpommern und Danzig.	
	1309–1310 Kreuzzug Kastiliens und Aragóns gegen die Muslime in Spanien. Kreuzzug gegen Venedig.	
	1309 Sept.: Der Deutsche Orden verlegt sein Hauptquartier nach Marienburg und beginnt einen ewigen Kreuzzug gegen die Litauer.	1309 Clemens V. verlegt den Sitz des Papstes nach Avignon.

Kreuzzüge in den Nahen Osten	*Kreuzzüge in Europa und Nordafrika*	*Hintergrundereignisse*
1310 Kreuzzüge unter den Johannitern sichern ihre Herrschaft über Rhodos. Juni–Juli: Amalrich von Lusignan fällt einem Attentat zum Opfer. König Heinrich von Zypern nimmt die Regierungsgeschäfte wieder auf.	1310 Papst Clemens V. ordnet eine Untersuchung des Verhaltens der Ritter des Deutschen Ordens in Livland an.	1311–1312 Konzil von Vienne.
1311 15. März: Die Lateiner werden in Griechenland von einer katalanischen Söldnerkompanie in der Schlacht von Halmyros geschlagen. Die Katalanen übernehmen die Herrschaft über Athen und Theben.		1312 3. April: Der Templerorden wird zerschlagen. 2. Mai: Clemens V. überträgt den größten Teil des Besitzes der Templer den Johannitern.
		1314 18. März: Jakob von Molay, der Großmeister der Templer, und Gottfried von Charney werden auf dem Scheiterhaufen verbrannt.
1313 Juni: Philipp IV. von Frankreich und seine Söhne sowie Eduard II. von England nehmen das Kreuz.	1314 Kreuzzugsaufruf in Ungarn (1325, 1332, 1335, 1352 u. 1354 erneuert).	
1316 5. Juli: Schlacht von Manolada; Ferdinand von Mallorca Anwärter auf die Herrschaft über das Fürstentum Achaia, wird getötet.		
1320 Kreuzzug der Hirten.		
	1321 Kreuzzüge gegen Ferrara, Mailand und die Ghibellinen der Markgrafschaft Ancona und des Herzogtums Spoleto.	1326 Die Osmanen nehmen Bursa ein.
	1323 Norwegischer Kreuzzug gegen die Russen in Finnland.	1327–1328 Italienzug und Kaiserkrönung des deutschen Königs Ludwig des Bayern.
1324–1359 Hugo IV., König von Zypern.	1324 Ausdehnung des italienischen Kreuzzuges auf Mantua.	

	1325 Kreuzzugsaufruf in Polen (1340, 1343, 1351, 1354 1355, 1363 u. 1369 erneuert).	
	1327 Kreuzzugsplan gegen die Katharer in Ungarn.	
	1328 Kreuzzugsaufruf gegen den deutschen König Ludwig IV. den Bayern. Wiedererstarken der Kreuzzugsidee in Spanien.	
1331 Predigt zu einem neuen Kreuzzug in den Nahen Osten .	1330 Kreuzzugsplan gegen die katalanischen Herrscher über Athen.	1331 Die Osmanen nehmen Nicäa ein.
1332 Sept.: Venedig, die Johanniter auf Rhodos und das Byzantinische Reich sind an der Entstehung der ersten Kreuzzugsliga beteiligt.		
1333 1. Okt.: Philipp VI. von Frankreich nimmt das Kreuz. Der Papst und Frankreich schließen sich der Kreuzzugsliga an.		
1334 Die Flotte der Liga schlägt im Golf von Adramyttium die Türken.		
1337 Die Mamluken nehmen Ayas ein.		1337 Die Osmanen nehmen Nikomedia ein. Der Hundertjährige Krieg zwischen England und Frankreich beginnt.
	1340 Kreuzzug gegen die Häretiker in Böhmen. 30. Okt.: Die Mariniden werden in der Schlacht von Salado geschlagen.	

Kreuzzüge in den Nahen Osten	*Kreuzzüge in Europa und Nordafrika*	*Hintergrundereignisse*
	1342–1344 Belagerung von Algesiras.	
1344 28. Okt.: Die Kreuzzugsliga erobert Smyrna.	1344 Planung eines Kreuzzugs auf die Kanarischen Inseln.	
1345–1347 Kreuzzug Humberts, des Dauphins von Viennois.		
1345 Den Genuesen wird für die Verteidigung Kaffas gegen die Mongolen der Kreuzzugsablaß gewährt.		
1346 Die Genuesen nehmen Chios und Foça ein.	1348 Kreuzzug des schwedischen Königs Magnus nach Finnland (1350 u. 1351 erneuert).	1348 Vordringen der Osmanen nach Europa.
		1348–1350 Die große Pest.
	1349–1350 Belagerung von Gibraltar.	
	1353–1357 Kreuzzug in Italien zur Wiederherstellung der päpstlichen Herrschaft über den Kirchenstaat.	
1354 Lesbos wird den Genuesen übertragen.	1354 Peter I. von Kastilien schlägt einen Kreuzzug nach Afrika vor. Kreuzzug gegen Cesena und Faenza.	1354 Die Osmanen erobern Gallipoli.
1358–1369 Peter I., König von Zypern.		
1359 Seesieg der Kreuzzugsliga bei Lampsacus über die Türken.		
1360 Die Zyprioten besetzen Corycus.	1360 Kreuzzug gegen Mailand (1363 u. 1368 erneuert).	
1361 Die Zyprioten besetzen Adalia.		
1362–1365 König Peter I. von Zypern wirbt im Abendland für einen neuen Kreuzzug.		1363 Die Osmanen erobern Philippopolis.

1365 27. Juni: Der Kreuzzug Peters I. verläßt Venedig. 10. Akt.: Die Kreuzfahrer nehmen für sechs Tage Alexandria ein.

1366 Aug.–Dez.: Kreuzzug Amadeus' von Savoyen nach Thrakien und Bulgarien.

1367 Peter I. fällt in Syrien und Kilikien ein.

1369 Der byzantinische Kaiser Johann V. reist ins Abendland, um Hilfe gegen die Türken zu erbitten.
17. Jan.: Peter I. von Zypern fällt einem Attentat zum Opfer.

1369–1382 Peter II., König von Zypern.

1373–1374 Krieg zwischen Zypern und Genua.

1374 Die Johanniter übernehmen die Verteidigung Smyrnas.

1376 Achaia wird für fünf Jahre an die Johanniter verpachtet. Dies führt zur Herrschaft einer navarresischen Söldnerkompanie.

1378 Gefangennahme des Johannitermeisters Juan Fernández d'Heredia in Arta durch die Türken.

1379 Die navarresische Söldnerkompanie nimmt Theben ein.

1369 Die Osmanen erobern Adrianopel.

1371 Durch den Sieg in der Schlacht an der Maritza gewinnen die Osmanen den größten Teil Bulgariens und des serbischen Mazedoniens.

1378–1417 Das Abendländische Schisma spaltet die Lateinische Kirche.

Kreuzzüge in den Nahen Osten	*Kreuzzüge in Europa und Nordafrika*	*Hintergrundereignisse*
1382–1398 Jakob I., König von Zypern.	1383 Kreuzzug des Bischofs Heinrich Despenser von Norwich gegen die Anhänger des Gegenpapstes Clemens VII. in Flandern.	
	1386 Kreuzzug Johanns von Gent gegen Kastilien.	1386 Union zwischen Litauen und Polen. Beginn der Bekehrung der Litauer zum Christentum
1388 Ende der katalanischen Herrschaft über Athen.		
		1389 15. Juni: Die erste Schlacht von Kosovo. Die Serben werden von den Osmanen vernichtend geschlagen.
1390 Aufruf zu einem neuen Kreuzzug. Juli: Der Kreuzzug landet in Nordafrika. Vergebliche Belagerung Mahdias.		
1394 Aufruf zu einem neuen Kreuzzug.		
1396 Peter Bordo von St. Superan, der Führer der navarresischen Söldnerkompanie, wird Fürst von Achaia. 25. Sept.: Niederlage der Kreuzfahrer gegen die Osmanen in der Schlacht von Nikopolis.		
1398–1432 Janus, König von Zypern.		
1398 Kreuzzugsaufruf zur Verteidigung Konstantinopels (1399 u. 1400 erneuert).		
1399 Kreuzzug Johann Boucicauts in den östlichen Mittelmeerraum.		
1402 Dez.: Timur erobert Smyrna von den Johannitern.		1402 28. Juli: Die Mongolen unter Timur schlagen die Osmanen bei Ankara.

1403 Einfälle der Truppen Johann Boucicauts und der Johanniter an der Küste Kleinasiens und in Syrien.		
1406–1407 Die Johanniter beginnen mit dem Bau der Burg Bodrum.		
	1410 15. Juli: Schlacht von Tannenberg. Polen und Litauer schlagen die Ritter des Deutschen Ordens.	
	1411 1. Febr.: Erster Friede von Thorn.	
	1415–1418 Auf dem Konzil zu Konstanz wird über den Deutschen Orden diskutiert.	
	1415 Die Portugiesen nehmen Ceuta in Marokko ein.	
	1420 1. März: Kreuzzugsaufruf gegen die Hussiten. Mai–Nov.: Erster Hussitenkreuzzug.	
	1421 Sommer–Winter: Zweiter Hussitenkreuzzug.	
	1422 Herbst: Dritter Hussitenkreuzzug.	1422 Die Osmanen belagern Konstantinopel.
1425 Die Mamluken greifen Zypern an.		
1426 Die Mamluken greifen Zypern an. 7. Juli: Schlacht von Khirokitia. König Janus wird von den Mamluken gefangengenommen.		
	1427 Juli–Aug.: Vierter Hussitenkreuzzug.	
		1430 Die Osmanen nehmen Thessalonike ein.

Kreuzzüge in den Nahen Osten	*Kreuzzüge in Europa und Nordafrika*	*Hintergrundereignisse*
	1431 Juni–Aug.: Fünfter Hussitenkreuzzug.	
1432 Thomas Palaeologos, Despot von Morea übernimmt die Herrschaft über das Fürstentum Achaia.		
1432–1458 Johann III., König von Zypern.		
1440 Die Mamluken greifen Rhodos an.		
1443 1. Jan.: Aufruf zu einem neuen Kreuzzug.		
1444 Die Mamluken greifen Rhodos an und belagern die Insel vierzig Tage lang. 10. Nov.: Niederlage der Kreuzfahrer gegen die Osmanen in Varna.		
		1448 17.–19. Okt.: Die Osmanen besiegen in der zweiten Schlacht von Kosovo die Ungarn.
1453 30. Sept. Aufruf zu einem neuen Kreuzzug.		1453 Ende des Hundertjährigen Krieges zwischen England und Frankreich. 29. Mai: Die Osmanen erobern Konstantinopel.
1454 17. Febr.: Fest des Fasans in Lille.		
1455 Den Genuesen wird der Kreuzzugsablaß für die Verteidigung von Chios gewährt. 15. Mai: Erneuerung des Kreuzzuges.		
1456 14. Febr.: Der hl. Johannes von Capestrano nimmt in Buda das Kreuz. 4. Juni: Die Osmanen besetzen Athen. 22. Juli: Erfolgreiche Verteidigung Belgrads durch Kreuzfahrer unter Johannes von Capestrano und János Hunyadi.		

1457 Die päpstliche Flotte besetzt Samothrake, Thasos und Lemnos in der Ägäis.

1458–1485 Charlotte, Königin von Zypern.

1459–1460 Kreuzzugsversammlung in Mantua.

1460–1473 Jakob II., König von Zypern.

1460 14. Jan.: Aufruf zu einem neuen Kreuzzug.

1462 Die Osmanen nehmen Lesbos ein.

1464 18. Juni: Papst Pius II. nimmt das Kreuz. 15. Aug.: Papst Pius II. stirbt in Ancona, wo sich das Kreuzfahrerheer sammelt.

1470 Die Osmanen erobern Negroponte.

1471 31. Dez.: Aufruf zu einem neuen Kreuzzug.

1472 Die Sommerkreuzzugsliga greift Adalia und Smyrna an.

1473–1474 Jakob III., König von Zypern.

1474–1489 Katharina Cornaro, Königin von Zypern.

1480 23. Mai – Ende Aug.: Die Osmanen belagern Rhodos. 11. Aug.: Die Osmanen nehmen Otranto ein.

1466 19. Okt.: Der Zweite Friede von Thorn beendet den Dreizehnjährigen Krieg zwischen dem Deutschen Orden und Polen.

1461 Die Osmanen erobern Trapezunt.

1479 Vereinigung Aragóns und Kastiliens.

Kreuzzüge in den Nahen Osten	*Kreuzzüge in Europa und Nordafrika*	*Hintergrundereignisse*
1481 8. April: Neuer Kreuzzugsaufruf. 10. Sept.: Die Osmanen geben Otranto auf.	1482 Erneuerung der Reconquista in Spanien.	
	1487 Die Spanier erobern Malaga.	
1489 26. Febr.: Venedig übernimmt die Herrschaft auf Zypern.	1489 Die Spanier erobern Baza, Almeria und Guadix.	
1490 März: Neuer Kreuzzugsplan bei einer Versammlung in Rom.	1490 April: Beginn der Belagerung Granadas.	
	1492 2. Jan.: Granada wird den Spaniern übergeben.	
1493 Der Kreuzzugsablaß wird den Verteidigern Ungarns gewährt.		1494–1495 Die Truppen König Karls VIII. von Frankreich fallen in Italien ein.
	1497 Die Spanier besetzen Melilla.	
	1499 Die Osmanen nehmen Lepanto ein.	
1500 1. Juni: Aufruf zu einem neuen Kreuzzug.	1500 Die Osmanen nehmen Coron und Modon ein.	
	1505 Die Spanier erobern Mers al-Kabir.	
	1508 Die Spanier besetzen die Kanarischen Inseln.	
	1509 Die Spanier erobern Oran.	
	1510 Die Spanier nehmen den Felsen von Algier, Bougie und Tripolis ein.	
1512–1517 Das Fünfte Laterankonzil diskutiert Fragen des Kreuzzuges.		
1513 Aufruf zu einem Kreuzzug nach Osteuropa gegen die Osmanen.		1516 Die Osmanen erobern Syrien und Ägypten.

1517 11. Nov.: Aufruf zu einem neuen Kreuzzug sowie dessen Planung.		1517 Okt.: Luthers Anschlag der 95 Thesen an die Schloßkirche zu Wittenberg. Beginn der Reformation. 1520 Juni: Die Könige von Frankreich und England treffen sich zur Vorbereitung eines neuen Kreuzzuges.
	1521 30. Aug.: Die Osmanen greifen Belgrad an.	
1522 Juli: Die osmanische Belagerung von Rhodos beginnt. 18. Dez.: Rhodos wird den Osmanen übergeben. 1523 1. Jan.: Die Johanniter verlassen Rhodos.		
	1525 Albrecht von Brandenburg, der Hochmeister des Deutschen Ordens, wird Protestant.	
1526 Vertrag von Madrid: Kaiser Karl V. und König Franz I. von Frankreich verleihen ihrem gemeinsamen Wunsch nach einem ‚allgemeinen Kreuzzug' Ausdruck.	1526 29. Aug.: Die Osmanen zerschlagen das ungarische Heer in der Schlacht von Mohács. 1529 26. Sept. – Okt.: Die Osmanen belagern Wien.	
1530 2. Febr.: Aufruf zu einem neuen Kreuzzug.	1530 23. März: Kaiser Karl V. übergibt den Johannitern Malta und Tripolis (Nordafrika).	
1537 Gründung einer neuen Kreuzzugsliga, welcher der Papst, Venedig und nach 1538 Spanien und das Heilige Römische Reich angehören.	1535 16. Juni: Der Kreuzzug Karls V. landet in Tunesien. 14. Juli: Eroberung La Goulettes. 21. Juli: Plünderung von Tunis.	1534 Heinrich VIII. von England bricht mit Rom.

Kreuzzüge in den Nahen Osten	*Kreuzzüge in Europa und Nordafrika*	*Hintergrundereignisse*
1538 27. Sept.: Niederlage der Ligaflotte auf der Höhe von Preveza.		
	1540 Übergabe von Nauplia und Monembasia an die Osmanen.	
	1541 Okt.–Nov.: Kreuzzug Karls V. nach Algier.	
1544 Auf dem Konzil von Trient wird von einem Kreuzzug gegen die Ungläubigen die Überwindung der Spaltung der Christenheit erhofft.		
	1550 8. Sept.: Christliche Truppen nehmen Mahdia ein.	
	1551 14. Aug.: Die Johanniter übergeben Tripolis (Nordafrika) den Osmanen.	
	1562 Gotthard Ketteler, der Meister des Deutschen Ordens, wird protestantischer Herzog.	
	1565 19. Mai – 8. Sept.: Die Osmanen belagern Malta.	
	1566 Die Osmanen erobern Chios.	
1570 25. Mai: Der Papst, Venedig und Spanien gründen die Hl. Liga. 1. Juli: Die Osmanen landen auf Zypern. 9. Sept.: Die Osmanen erobern Nikosia.		
1571 5. Aug.: Mit der Übergabe von Famagusta ist Zypern in osmanischer Hand. 9. Aug.: Die Flotte der Hl. Liga sammelt sich bei Neapel. 7. Okt.: Die Flotte der Liga schlägt die Osmanen bei Lepanto.		

1572 10. Febr.: Erneuerung der Hl. Liga. Spätsommer: Seeoperationen der Ligaflotte im östlichen Mittelmeer.		
	1573 11. Okt.: Die Truppen Don Juans d'Austria erobern Tunis.	
	1574 25. Aug.: La Goulette fällt an die Osmanen. 13. Sept.: Die Osmanen erobern Tunis zurück.	
	1578 Kreuzzug König Sebastians von Portugal nach Marokko. 4. Aug.: Das Heer wird bei Alcazarquivir geschlagen und Sebastian getötet.	
	1588 Vernichtung der spanischen Armada.	
	1601–1603 Die Johanniter fallen an der tunesischen und griechischen Küste ein.	
	1607 Der Großmeister der Johanniter wird zum Reichsfürsten ernannt.	
	1614 Die Osmanen fallen auf Malta ein.	
		1618 Ausbruch des Dreißigjährigen Krieges in Deutschland.
1645–1669 Einfälle der Osmanen auf Kreta.		1648 Der Westfälische Friede beendet den Dreißigjährigen Krieg.
	1664 Die Johanniter greifen Algier an.	
1669 26. Sept.: Mit der Übergabe von Kandia ist Kreta in osmanischer Hand.		

Kreuzzüge in den Nahen Osten	*Kreuzzüge in Europa und Nordafrika*	*Hintergrundereignisse*
	1683 14. Juli – 12. Sept.: Die Osmanen belagern Wien.	
1685–1687 Venezianische Truppen besetzen den Peloponnes.		
	1684 März: Gründung der Hl. Liga, welcher der Papst, das Heilige Römische Reich, Polen und Venedig angehören.	
1715 Die Osmanen erobern den Peloponnes zurück.		
	1686 Christliche Truppen erobern Buda.	
	1707 Die Johanniter beteiligen sich an der Verteidigung Orans.	
	1716–1717 Vorstoß der Christen auf dem Balkan unter Prinz Eugen von Savoyen.	
1722–1741 Die Johanniter sind weiterhin an Militäroperationen zur See beteiligt.		
	1741–1773 Der Johannitergroßmeister Manuel Pinto beansprucht die volle Landeshoheit.	
		1789 Beginn der Französischen Revolution.
	1792 In Frankreich werden die Güter der Johanniter eingezogen.	
	1798 13. Juni: Die Johanniter auf Malta ergeben sich Napoleon.	

Register